영끌로
집을 사긴
했는데요

영끌로 집을 사긴 했는데요

폭락? 폭등? 혼란스러운 부동산 시장 속에서 내 집 마련을
한 7인과의 인터뷰

1판 1쇄 발행 2022년 11월 1일

지은이 부자의서재 편집부

펴낸이 양희재

펴낸곳 부자의서재

출판등록 제 393-2022-000024 호(2022년 7월 11일)

이메일 therichlib@naver.com

ISBN 979-11-979616-2-5(13320)

영끌로
집을 사긴
했는데요

경기도 오산시에 아파트를 구매했다. 회사의 위치는 서울시 동대문구 이문동이다. 내 집 마련에 쭉 관심이 있어 결혼 후 3개월 만에 아파트를 매매했다.

8 · 영끌로 집을 사긴 했는데요

간단히 현재 전세나 매매 상황을 알려달라.

2020년 9월에 결혼하여 신혼집은 성남에 오래된 주택을 전세로 계약했다. 3개월 뒤에 오산대역 근처 아파트 28평을 매매했다. 현재 성남에서 거주 중이며 매매한 아파트가 있는 오산으로 이사할 예정이다.

결혼한 지 3개월 만에 집을 샀다니 상당히 빠르다. 전세 기간도 많이 남았는데 그렇게 결정한 이유는?

갑자기 한 결정은 아니다. 결혼하기 1년 전부터 계속 오산을 눈여겨보고 있었다.

왜 구체적으로 경기도 오산을 고려했는가?

당시 부모님과 함께 살았던 경기도 용인에서 회사가 있는 대전으로 출퇴근했다. 평소 기차를 타고 다니면서 밖을 바라보곤 했는데 그때부터 지역적인 특징들이 눈에 보이더라. 특히 오산이 눈에 띄었다.

용인에서 대전으로 출퇴근을? 그게 가능한가?

다들 놀라워하는데 가능하다(웃음). 수원역에서 새마을호로 갈아타고 대전으로 출근했다. 기차가 오산역을 지나칠 때면 '저 지역 아파트는 왜 저렇게 동 간격이 넓지?'라는 궁금증이 생겼다.

단순히 동 간격 때문에 매매하지는 않았을 텐데, 조금 더 자세히 설명해달라.

염두에 둔 아파트의 용적률과 건폐율 조건이 좋지 않을까 생각했다. 찾아보니 정말 용적률이 130%여서 재건축을 하면 250~300%까지 올라가 2,000세대 형성도 가능해 보였다. 친척이 반포 주공아파트에 거주하면서 재테크적으로 큰 이익이 생긴 걸 옆에서 봤었다. 그래서 용적률과 건폐율을 늘 고려했다.

그렇다면 1년 동안 지켜본 이유는 무엇인가?

가격이 조금 내려가면 사려고 했다. 그런데 1년 동안 추이를 지켜봐도 실거래 가격이 내려가지 않았다. 저렴해서 계속 의심하기도 했고 오송 쪽 아파트도 계속 지켜봤었다. 두 군데를 저울질한 셈이다.

청주에 있는 오송역? 그곳에는 왜 관심이 생겼는가?

나의 유일한 취미가 여행이기도 하고 직업적 특성 때문에 전국 지역을 많이 돌아다닌다. 그래서 KTX, SRT, 고속도로 등 교통에 관심이 많다.

서울을 기준으로 각 지방으로 교통 선이 펼쳐지는데, 서울역(KTX)-광명역(KTX)-천안역(KTX, SRT)-오송역(KTX, SRT)이 그 순서이다. 특히 오송역에서 경부와 호남이 갈라지기 때문에 교통 요지이다. 그래서 오송을 눈여겨봤었다.

그런데 오송 대신 오산을 택한 이유는?

오송역 쪽 아파트를 분양받으려고 했었다. 1,200세대고 규모도 마음에 들었다. 결혼할 때쯤으로 예상했지만 아쉽게도 계속 미뤄졌다. 그리고 산업단지 등 특공 물량이 생각보다 많은 점도 살짝 마음에 들지 않았다.

당시 배우자가 다니던 회사 위치가 선릉이었다. 고민 끝에 매매는 잠시 접어두고 성남에서 신혼집을 구하자고 마음을 먹었다.

본인의 직주근접은 고려하지 않았는가?

나는 직업 특성상 전국으로 근무지 이동이 가능하다. 그래서 나의 직주근접은 고려하지 않았다. 현재는 왕복 2시간 정도 걸리는 회기역 쪽에서 근무하고 있다.

추후 경기도 서동탄이나 의왕 쪽으로 발령받을 기회가 있어 지금 대기 중이다. 서동탄에서 근무하면 집에서 자동차로는 15분, 지하철로는 3정거장만 가면 되니 만족한다. 배우자의 회사는 성남에 있지만 재택근무가 가능하겠다 싶어 이 역시 기대하고 있다.

성남에서는 어떤 거주 형태로 지내왔는가?

쓰리룸 주택이고 1억 초반으로 전세 계약을 했다. 태평동은 저렴하기도 하고 강남권으로 출퇴근도 용이하다.

선릉까지 지하철로 30분도 걸리지 않는다. 여러모로 신혼부부에게 적합한 지역이라고 생각한다. 대출은 배우자 명의로 계약하여 중소기업청년전세대출을 이용했다.

지내보니 어떠했는가?

주택이기 때문에 빌라나 아파트처럼 관리비가 없었다. 2층에 살아서 옥상도 마음껏 사용할 수 있었다. 옥상에서 파나 방울토마토를 키울 수 있어서 좋았다. 대신 장점이 있으면 단점이 있기 마련인데 겨울에는 정말 춥고 여름에는 무지 더웠다. 오죽하면 겨울에 변기물이 얼었을까. 정말 힘들었다.

그럼 성남에 지내면서도 오산을 고려하다가 결국 결혼한 지 3개월 만에 매매한 셈이다. 매매하게 된 결정적

이유가 있었는가?

나는 내 집 마련에 간절함이 큰 편이었다. 결혼하고 나서는 특히.

이유가 무엇인가?

대학교를 졸업할 때쯤에 아버지 사업이 크게 휘청거렸다. 당시 경기도 용인시 40평대 아파트에서 살고 있었는데, 경매로 넘어갔다. 낙찰자에게 넘겨줄 수밖에 없었고 그때부터 살 곳을 찾아 헤맸다.

당시 가족이 함께 살 보증금 2,000만 원에 월세 100만 원짜리 빌라를 계약하고 싶었는데. 2,000만 원이 없어서...

어린 나이에 보증금을 어떻게 마련했는가?

빨리 취업하고 알바까지 해서 급하게 1,000만 원을 만들었다. 그리고 할머니에게 1,000만 원을 빌렸다. 그런데 문제는 그다음부터였다.

14 · 영끌로 집을 사긴 했는데요

나는 내 집 마련에 간절함이 큰 편이었다. 결혼하고 나서는 특히.

또 어떤 문제가 있었는가?

나와 가족들이 번 돈 그대로 월세로 빠지니 돈이 쉽게 모이지 않았다. 또 2년마다 이사를 해야 한다는 점도 번거로웠고. 투자는 나중 문제였고 우선 배우자와 내가 거주할 안정적인 공간을 가지고 싶었다.

배경 이야기를 들으니 결혼 후 3개월 만에 매매한 이유가 납득이 간다. 매매 결심 후 가장 첫 번째로 한 행동은 무엇이었는가?

부동산 두 곳을 오가며 매물을 찾아봤다.

매물을 찾아보면서 변수나 애로사항은 없었나?

내가 그때 당시 성남과 대전 사이에서 출퇴근했었다. 물리적 시간이 부족하여 좋은 물건을 놓치는 경우가 몇 번 있었다. 그게 아쉬웠다.

그러면 계약한 집은 어떻게 매매까지 성공했는가?

계속 매물을 찾다가 양도세 이슈로 한 채를 팔려는 다주택자의 물건이 나왔었다. 주저 없이 빨리 계약했다.

오산에만 두 채를 가지고 있었고 나머지 한 채에서 직접 거주한다는 주인의 상황에도 신뢰가 갔었다. 인테리어 상태도 마음에 들었고.

매매한 아파트의 대략적인 위치와 당시 매매가를 말해 줄 수 있는가?

20년도 12월경에 2억 초반대에 매매했다. 우리에게 시드머니가 1억 조금 넘게 있었고 성남 전셋집과 비슷한 시기에 오산 전세가 계약되어 있었다. 그래서 대출 부담은 크게 없었고 회사 대출을 이용했었다.

그 후 가격 동향은 어땠는가?

21년이 되니까 갑자기 매물이 없어지면서 신고가가 뜨지 않았다. 당시 활동하는 부동산 전문가들이 오산을 많이 언급했었다. 그러다 정부에서 4차 국가철도망 계획을 발표했었다. 기존 분당선을 연장하여 동탄과 오산 사이의 이동 시간도 축소하겠다는 내용이었는데 이때부터 호가가 오르기 시작했다. 그러면서도 당시 부동산 시장이 대출은 규제하면서도 공급은 적어서 오산은 매물이 하나 나오면 그때마다 신고가가 오르는 상황이었다.

그렇다면 교통편이 좋아지리라는 예상을 하고 오산 아파트를 매매했는가?

교통보다는 내 집 마련으로 안정성을 느끼고 싶었고 그다음은 재개발을 염두하고 있었다. 매매한 아파트는 90년대 초반에 지어져서 재건축 연한인 30년도 넘기기 쉽다, 용적률, 건폐율 사항도 좋았다. 그래서 조금 더 욕심을 내서 다른 계약을 하기도 했다. 다시 정리는 했지만 (하하).

다른 계약? 구체적으로 설명해줄 수 있나?

계약한 이후 매매한 아파트를 자주 오가다 보니 바로 앞에 있는 빌라가 눈에 보였다. 3개 동이 있는 빌라 단지였는데 찾아보니 용적률이 100%였다. 아파트랑 같이 재개발도 가능하겠다 싶었고 단독으로 재건축도 가능성이 있어 보였다.

아파트 매매 후에 빌라 매매까지? 어떻게 진행했는가?

당시 빌라는 20평대 초반에 1억 중반이었다. 전세는 1억 초반이어서 나머지 자금은 배우자와 같이 모은 시드머니와 개인대출로 마련했다. 시기는 2021년 4월 경이었다.

2020년 9월에 결혼하여 12월에 아파트 매매를 하고

2021년 4월에 빌라 매매까지 했다. 얘기만 들어도 숨가쁘다.

나도 그렇다고 생각한다. 그런데 빌라는 얼마 지나지 않아 다시 팔았다.

빌라는 무슨 이유로 정리했는가?

2세 준비를 고려하여 2021년도 3월에 혼인신고를 했다. 얼마 지나지 않아 배우자에게 사정이 생겨 퇴사했는데...문제가 생겼었다.

어떤 문제였는가?

배우자 명의로 받은 성남 전세가 문제였다. 퇴사하고 일주일 만에 전화가 오더라. 부부가 유주택자이니 전세자금대출을 회수하겠다고 말이다. 1억 가까운 돈이 어디서 생기겠는가.

그래서 어떤 방법을 취했는가?

빌라를 다시 팔고 성남 보증금은 회사대출과 개인대출로 메꿨다. 아쉽지만 어쩔 수 없는 선택이었다. 몇 개월만 800만 원 차익이 있었고 양도세 내니 300만 원이 수중에 남았었다.

내 집 마련으로
안정성을 느끼고
싶었고 그다음
은 재개발을 염
두하고 있었다.

배우자도 평생을 서울에서 거주했고 나 역시 경기도에서 자라왔다. 서울이 좋다는 사실은 너무나도 잘 안다. 하지만 '매매할 수 있는가?'는 다른 차원의 이야기다.

우리가 매매 가능한 지역을 먼저 찾았었고 그게 경기도 오산이었다. 배우자는 지하철역, 대형마트도 가까운 점이 좋다고 했다. 초품아(초등학교를 품을 정도로 학교와 근접한 아파트를 의미)이면서 수목원이 있어 아이 키우기에도 좋고. 또 대형 단지여서 상대적으로 관리비도 저렴한 편이다.

본인 입장에서의 오산은 어떠한 특징이 있는가?

재건축은 몇 번 말했고, 발전 가능성이 높은 세교지구랑 맞닿아 있는 게 장점이다. 제2동탄도 자동차로 10분 안에 갈 수 있고. 녹지가 많아 개발할 곳도 많다.

그리고 출산율이 타 경기도 지역보다 높아 젊은 도시라고 생각한다. 현재 인구는 22만 명 정도인데, 새로 임기한 시장의 목표는 50만 명이라고 했다.

시드머니를 알뜰히 모았는데, 어떤 방법이 있었는가?

대학생 때부터 알바를 많이 했다. 군대에서 휴가가 생기면 그 시간에도 알바하러 나갔다. 근로장학생, 물류센터, 주유소, 편의점, 고속도로 청소 알바 등 가리지 않고 했다.

그러다 취업하고 나서는 월급은 모으고 알바비로는 여행 가고 그렇게 생활했다. 워낙 여행하는 걸 좋아해서. 1억 정도 모았는데, 부모님 사업으로 지출된 돈까지 합치면 1억 중반은 훌쩍 넘었을 거다. 아쉽다(웃음).

고생했던 게 눈앞에 그려질 정도다. 결혼 후에도 시드머니가 잘 모였는가?

배우자와 둘이 최대한 쇼핑을 자제하고 월급을 모았다. 그런 시간이 있었기에 시드머니가 모이지 않았나...그런 생각이 든다.

그렇게 시드머니를 모아 아파트를 샀다. 혹시 금리 부담은 없었나?

오산 아파트 매매 당시 전세가 끼어 있었다. 성남 전셋집이랑 퇴거 날짜도 비슷하고, 매매 당시 1년 반 정도의 시간이 남았기 때문에 시간적 여유가 있었다. 성남과

오산의 전세 계약이 종료된 즉시 카카오뱅크에서 전세금
퇴거대출을 받았다. 총 35년에 앞에 5년은 고정금리로
선택했다.

그래서 아직은 금리 부담은 없다. 그리고 금리가 평
생 오르는 것도 아니고 변동하기 때문에 크게 걱정하지
는 않는다.

**악착같이 시드머니를 모아 아파트를 매매했다. 혹시
집값이 오르면 어떤 선택을 할 것인가?**

당분간 올라도 안 팔 생각이다. 재건축을 염두하고
매매했기 때문에 이 단계가 완료되기 전까지는 매도할
계획이 없다.

**그렇다면 조심스럽게 물어보겠다. 반대로 집값이 내려
가면 선택을 할 것인가?**

부동산 시장에 구름이 껴도 햇빛이 비쳐도 비가 와도
안 팔겠다. 단기간 시세 차익을 노리고 이 아파트를 사지
는 않았다. 가격이 오르고 내려도 내 집이라는 사실은 변
함없으니까.

그리고 내가 감당할 수 있는 투자와 대출 선에서 아
파트를 샀기 때문에 큰 부담은 없다.

서울이 좋다는 사실은 너무나도 잘 안다. 하지만 '매매할 수 있는가?'는 다른 차원의 이야기다.

강원도 양양. 속초에 KTX가 개통될 예정이다. 그럼 서울과 한 시간 전후로 오고 갈 수 있다. 양양은 속초보다는 접근성이 떨어지지만 관광객에게 인기가 많은 도시여서 관심이 많다.

그래서 속초의 교통을 이용하여 양양에 펜션이나 게스트하우스를 운영하고 싶다. 내가 버스를 직접 운전하여 손님들을 태워주고 싶기도 하고. 그리고 한 지역 더 있다.

어디인가?

대전. 근무지가 대전이었어서 잘 안다. 2019년도에 대전을 오고 갔는데 그 당시 대전역 근방 아파트가 84 기준으로 2억 중반대였다. LH 아파트이기도 하고 더 오를까? 싶었는데 20년 말쯤에는 신고가가 5억으로 찍히더라. 놀랐었다.

그렇다면 대전의 인프라는 어떤가?

단순히 아파트 매매가로 평가하기엔 대전은 매력 요소가 더 많다. 대전은 산이 없이 평지이고 내륙 지방이어서 자연재해가 없다. 재해를 일으킬만한 태풍이 관통하기가 어렵다.

그리고 카이스트와 연구단지가 있어 주거 수준도 높다. 교육열도 강하고. 거주 연령대도 젊어서 여러모로 아이 키우기에 좋은 도시라고 생각한다.

매매까지의 이야기가 숨 가쁘게 진행됐는데 혹시 매매를 고민하는 무주택자에게 하고픈 말이 있는가?

나라면 분양을 노리겠다. 택지개발지구(분상제) 이슈가 있는 곳을 노리겠다. 일반 분양이든 아파트 청약이든 말이다.

이전 정부와 현 정부의 부동산 정책이 판이하다. 아파트를 매매한 30대로서 어떤 생각을 하고 있는가?

경기도 분당은 많은 아파트 단지가 재건축 연한인 30년을 채웠다. 그리고 조합원들의 행동력도 빠르니 타 지역보다 재건축 진행이 순탄하지 않을까 싶다.

아파트 매매는 전문가의 의견을 참고하되, 휘둘리면 위험하다고 생각한다. 축구해설가가 선수의 상태에 대해 설명은 잘해도, 결국 골을 넣는 건 선수이니까 말이다.

경기도
오산시는

어떻게 변화하고 있는가

용적률과 건폐율

용적률의 사전적 의미는 건설 대지 면적에 대한 건물 연면적의 비율이다. 건축법 제56조(건축물의 용적률)에서는 대지면적에 대한 연면적의 비율이라 정의하고 있다. 조금 더 쉽게 설명하면 건물을 얼마나 높게 지을 수 있는지에 대한 비율이다. 용적률이 300%에서 500%로 상향되면 그만큼 주택을 더 높게 올릴 수 있다는 의미이다.

건폐율의 사전적 의미는 건설 대지 면적에 대한 건물 바닥면적의 비율이다. 건축법 제55조(건축물의 건폐율)에서는 대지면적에 대한 건축면적의 비율이라 정의하고 있다. 예를 들어 대지 100평에 건물이 70평을 차지하고 있다면 건폐율은 70%이다. 대지 100평에 건물이 20%를 차지하고 있다면 건폐율은 20%이다. 건폐율이 높을수록 대지에 빈 공간이 없이 빽빽하게 건물이 지어졌다는 의미이다. 그래서 건폐율이 낮을수록 쾌적하다는 이야기를 한다.

제4차 국가 철도망 구축 계획

국가철도공단의 제4차 국가 철도망 구축 계획에 따르면 수도권 교통혼잡 해소 사업의 일환으로 분당선 연장이 포함되어 있다. 분당선 기흥역에서 1호선 오산대역을 연결하는 복선전철 사업이다.

분당선 연장 사업의 세부 사항은 아직 확정된 바가 없지만 정상적으로 진행된다면 철도교통 인프라가 부족한 경기도 오산시 주민들에게 큰 도움이 될 것이다.

서울시 성동구 성수동에 빌라를 구매했다. 회사의 위치는 서울 중구이다. 경매 공부를 한 뒤, 낙찰받아 빌라를 매매했다.

내 집 마련까지 어떤 집에서 어떤 형태로 거주했는가?

서울 종로에서 주택에 거주하다가, 취업 후에는 경기도에서 원룸에서 자취하고, 강원도에서 3년 동안 오피스텔 1.5룸 전세에서도 살았다. 오피스텔 관리비, 공과금이 너무 비싸서 주택 1.5룸으로 이사했었다. 나름 이곳저곳에서 지내면서 셋방살이의 설움을 겪었다.

집을 사야 한다고 생각했는가?

결혼 전에는 집을 사야 한다는 생각이 없었다. 돈도 없었고 집은 결혼할 때나 사는 건데, 혼자 내가 집을 사기에는 이르다고 생각했다. 근무지도 수도권이 아니었어서 미뤄두고 있었다. 그러다 서둘러 결혼했는데, 집을 여유 있게 알아보거나 매매로 고민할 시간이 없었다.

결혼 당시 어떤 형태로 집을 계약했는가?

월세는 싫어서 전세로 구해야겠고, 아파트 전세는 너무 비싸니, 빌라 전세로 결정했다. 보증금 2억 4,000만 원 전세 빌라였다. 전세자금대출을 많이 받았었다. 월세는 살고 싶지 않아서 전세를 선택했다. 그 당시 버팀목전세자금대출을 받고 신청했다. 혼인신고를 하지 않은 상태라서 소득 조건이 맞는 상황이었다.

전세로 있었던 집은 만족했는가?

실평수가 9평이었는데.. 사람 두 명과 고양이까지 살다 보니 너무 좁아서 힘들었다. 처음에는 괜찮았는데 살면 살수록 짐도 늘고 집이 너무 좁아서 넓은 집에서 살고 싶다는 욕심이 컸다.

전세로 살다가 집 매매를 하겠다고 결심한 계기는?

2019년 결혼 후 전세를 살고 있는데 갑자기 집값이 폭등했다. 2019년에 알아봤던 마장동 아파트의 매매가격이 3~4억 원 수준이었다. 그런데 당시 빌라 전세가 2억 4,000만 원이었다. 지금 생각하면 그 집을 매수를 해야 했다. 아쉽다.

돈을 조금 더 모으면 언제든 아파트 매수가 가능할 거라고 생각했는데 집값이 폭등하기 시작했다. 가만히 있다 보면 벼락 거지가 될 거 같아서 집을 샀다. 맞벌이 하면 서울에 내 집 하나 마련 못할까 싶었는데, 진짜 못할 수도 있겠다는 생각이 들었다. 내 집 마련을 못하면 다음 재테크를 할 수조차 없겠다고 생각했다. 서울에 살면 주택이 자산의 매우 큰 비용을 차지하는 상황에서 내 집 마련을 못하면 안 되겠다는 판단을 했다.

초조했던 마음이 느껴진다.

맞다. 집을 산 이유를 정리하면 크게 2가지다. 벼락거지가 되기 싫었고 집이 없으면 다음 재테크가 불가능하게 느껴졌다. 집도 없는데 상가며 다른 부동산 투자가 무슨 의미가 있나 싶었다.

그렇다면 집을 사는 과정은 어땠는가?

처음에는 아파트 청약을 생각했다. 책도 읽고 공부도 해봤지만 가점을 계산해보니 어림도 없었다. 당장 자녀 계획이 있지도 않았고, 신혼부부를 위한 추첨 물량은 너무 적었다. 청약에 몇 번 도전해봤지만 서울에서는 사실상 청약은 어려웠다. 민간 분양도 가점에서 밀리고 추첨도 쉽지 않고, 몇 번 시도하다가 포기했다.

청약 말고 선택한 방법은 무엇이었는가?

아파트 매매를 알아봤다. 무조건 출퇴근 시간이 짧고 편해야 한다는 게 가장 중요했다. 둘 다 서울에서 계속 일할 예정이라 수도권은 염두에 두지 않았다.

맞벌이하면 서울에 내 집 하나 마련 못할까 싶었는데, 진짜 못할 수도 있겠다는 생각이 들었다.

그럼 어느 지역을 고려했는가?

서울 중에서도 동쪽을 위주로 봤다. 다산신도시, 별내신도시 등도 고민을 안 한 건 아니었지만 그래도 무조건 서울을 봐야겠다고 생각했다.

서울 동대문구 주변으로 임장을 많이 다녔다. 답십리 인근에 구축 아파트 대단지를 꽤 돌아다녔다. 알아봤던 서울 답십리 인근 20~30년 된 구축 아파트 매매가격이 6억에서 7억 5,000만 원 사이였다. 작은 평형 중에는 6억 원 매물이 나와서 89년에 지어진 아파트라 몸테크를 하면 재건축 기회가 있지 않을까 계속 고민했다.

바로 아파트 매수를 시도했는가?

정말 매수하려고 했었는데, 성수동 경매 건을 알게 되었다. 그래서 갑작스럽게 경매로 지금 집을 샀다.

경매라니 방향을 크게 틀었다. 계기가 무엇인가?

친척이 성수동에 빌라 경매 건이 있는데, 너희가 여력이 있으면 해보라고 추천을 했다. 그래서 급하게 경매 물건을 보고, 성수동 동네의 전체적인 분위기도 알아봤다. 그런데 경매 입찰까지 5일 밖에 시간이 없어서, 부부 둘이서 미친 듯이 공부했다.

직접 경매해보니 어땠나?

경매는 그렇게 우연히 시작했는데, 경매의 장점은 2가지가 있었다. 저렴하게 살 수 있고 복비가 들지 않는 것. 단점은 권리분석을 해야 하고, 기존 거주자에 대한 명도가 어렵다는 것이다.

다들 어려워하는 권리분석은 어떻게 했는가?

권리분석이 굉장히 어려운 부분인데, 가장 기본인 등기부등본에 사전 지식이 있어서 상대적으로 쉽게 정할 수 있었다. 그래도 부족한 부분이 많았다.

평소에 권리분석 공부를 해두면 우리처럼 갑작스럽게 찾아온 기회를 잡을 수 있다고 생각한다.

경매로 파악한 매물의 상태는 어땠는가?

이 물건은 권리분석이 복잡한 상황이 아니라서, 낙찰이 되도 좋겠다 싶어 입찰했다. 첫 경매고 서울 성수동인데, 이게 진짜 낙찰될 거라고는 생각을 못 했다. 낙찰받지 못해도 경험상 좋지 않을까 생각했다. 그래서 급하게 가격을 정하고 입찰했는데, 덜컥 낙찰되었다.

경매 첫 시도에 입찰이 바로?

처음 든 생각은 마냥 기쁘지만은 않았다. 일단 기쁘긴 한데, 좋은데, 이제 어떡하지?라는 생각이 들었다. 지금 낙찰받은 빌라로 내 집 마련을 하는 게 최선인가? 라는 복잡한 생각, 불안감도 있었다. 더 공부하고 준비했다면 더 좋은 기회가 있지 않을까? 하는 고민을 많이 했다. 경매로 덜컥 낙찰받아 당혹스러운 점도 있었다.

그래도 일단 시작했다.

입찰 시기와 낙찰 가격은?

2021년 초였고 낙찰가는 6억 초반이었다.

매매 후 거래 추이는 어떠했는가?

실거래 기준으로 1억 이상 오른 상태다.

낙찰받고 애로사항이 있었나?

서류 제출하고, 법원 가고 이런 문제는 없었는데, 명도가 힘들었다. 낙찰받은 집에 살고 있던 세입자는 4인 가구였는데, 권리상 전세보증금을 다 돌려받을 수는 있는 상황이었는데도 명도하는 과정이 꽤 힘들었다.

나도 경매는 권리분석과 명도가 어렵다고 들었다.

입찰 전에 집을 보고 싶어서 음료수를 들고 갔는데 문전박대를 당했다. 낙찰받고 나서 다시 찾아갔다. 명도 진행될 예정이라 상의하고 싶어서 찾아왔다고 이야기하니 문을 열어줬다.

세입자는 바로 이사 가지 않아도 된다고 알고 있다며 이사 날짜를 알아보고 나중에 연락하겠다고 말하더니 문을 닫아버렸다. 말로 만나서 이야기하면 금방 끝나지 않을까 했는데, 나가지 않으려는 태도를 보여 당황했다.

세입자와의 문제는 어떻게 해결했는가?

낙찰이 되면 법원에서 등기를 넘겨준다. 법원에서 등기를 받은 그 시점부터는 세입자는 집을 비워줘야 하는 게 맞다. 바로 나가는 사람도 있지만, 보통은 1~2달 정도 이사할 시간을 준다. 보통은 낙찰받고 등기까지 1달 정도 걸리니 그사이에 이사 준비를 하게 된다.

문제해결의 열쇠는 끊임없는 대화였다. 처음부터 내용증명을 보내고 법원을 통해 조치하는 건 생각하지 않았다.

전화 통화도 10번 이상했고, 중요 내용을 고지해야 할 때는 증거가 남게 문자 메시지를 활용했다. 마지막 통화를 할 때 나는 지방 출장을 간 상황이었는데, 낯선 곳의 개천 바람을 맞으며 50분 넘게 세입자의 이야기를 듣고 조율했던 기억이 난다. 자신이 살던 전셋집이 경매로 집주인이 바뀌어 갑자기 이사해야 하는 상황은 누구도 유쾌한 상황은 아니다. 세입자의 당혹스럽고 불쾌하기까지 한 감정을 최대한 공감하고 배려한다면 명도 문제의 절반은 해결된다고 생각한다.

세입자는 어떤 태도를 보였는가?

세입자는 어디선가 잘못된 정보를 자신들에게 유리한 형태로 이해해서 원할 때까지 거주할 수 있다고 생각했던 것으로 보였다. 법적 조치보다는 최대한 대화로 협의하려고 노력했는데 오히려 우리에게 훈계하는 등 세입자의 태도가 좋지 않았다.

분명 법적으로는 이제 내 집이 되었는데, 법적으로 계약상 관계없는 전 집주인의 세입자가 이사를 안 가려고 시간을 끄는 상황이 너무 힘들었다. 그 사람들도 전세 보증금을 받으려면 명도확인서에 날인이 되어 있어야 해서, 이사 가는 날 날인을 해주고 잘 끝나긴 했다.

첫 경매는 결과적으로는 이익이었지만 정신적으로 너무 힘든 과정이었다. 그런데 이 정도 케이스는 경매의 세계에는 난도가 낮은 수준이었다.

어렵사리 내 집 마련에 성공했다. 만족하는가? 아니면 후회하는가?

집 매수는 아주 만족한다. 특히 공간 측면에서 아주 만족이다. 이전에 실 평수 9평 집에서 살다가 넓은 공간을 자유롭게 쓸 수 있게 되면서 만족도가 더 높았다. 방 3개, 화장실 2개 구조다.

집을 매매하는 타이밍은 우리가 정할 수 있는 부분 같지는 않다. 인근에 다른 재개발 지역이 본격적으로 사업 추진에 들어가면 지금 살고 있는 집도 영향이 있을 거라고 본다. 그 시점에 이 주변 집 가격을 보고 결정을 내리려고 한다.

처음에는 아파트를 사야 하나 걱정했다. 서울 답십리 주변 환경이 마음에 들지 않았는데, 아파트라는 이유로 많이 오른 상태였다. 이게 더 오를까 하는 걱정이 있었다. 그 당시 최고점이라고 분위기도 있었고, 앞으로 부동산 규제가 강해지면 폭락한다는 이야기도 있었다.

그래서 리스크가 적은 방향으로 내 집 마련을 하려고 노력했다. 예산도 한정적이라 고민도 정말 많이 했다. 답십리 아파트와 성수동 빌라 사이에서 고민하다가 결국 성수동 빌라를 선택했다. 후회는 전혀 없다.

다른 지역으로의 이동도 고려하는가?

이동한다면 서울 안에서 직주근접을 고려하겠다. 그래도 가능하면 이 동네에서 정착하고 싶은 마음이 있다. 주변 사람들에게 서울 성수동에 산다고 하면, 동네가 시끄러운 거 아니냐는 이야기를 많이 한다. 실제 살아보니 거주지역은 붐비지 않고 조용하다.

준공업지역이라는 프리미엄이 아주 크다. 서울 성수동이 집값 방어에도 좋은 지역이라 안전하다는 생각도 든다.

성수동의 첫인상은 어땠는가?

처음부터 성수동을 생각했던 건 아니었지만, 지역의 장점, 일단 성수동이 가지는 이미지가 좋았다. 성수동은 유행에 민감하고 힙한 동네라는 느낌이 있다. 사람들의 인식 자체가 좋다는 것도 장점이다.

성수동 부동산 시장에 대한 전망은?

서울 성수동 삼표산업 래미콘 공장이 철거 예정이다. 성수동 주민들의 수십 년 숙원사업이었다. 해당 부지에

복합문화시설이 들어올 예정으로 알고 있다. 또 이마트 본사가 크래프톤에 팔려서 조금 더 IT기업 이미지가 강해질 거다. IT 기업이 더 몰려서 판교처럼 오피스 상권이 더 활성화되지 않을까 기대해본다.

성수동 재개발 구역은 성수 트리마제 근처인데, 재개발 지역으로 묶였지만 35층 제한이 걸려서 삽을 뜨지 못하고 있다가 새 서울시장이 층수 제한을 풀겠다고 하면서 재개발도 빨리 추진되지 않을까 싶다. 그러면 동네에 대한 프리미엄이 더 상승할 것으로 보인다.

동네 주변 환경은 어떠한가?

환경이 너무 좋다. 성수동은 준공업지역으로 지정된 토지가 많다. 주택을 모아서 재개발로 아파트를 올리는 게 아니라 상업용 건물을 올리는 경우가 많다. 베드타운보다는 스타트업, IT기업이 많이 있고, 오피스 공간이 많아서 유동 인구도 많다. 낮과 밤, 평일과 주말을 가리지 않고 사람이 몰리는 동네라는 게 장점이다.

교통도 지하철 2호선뿐만 아니라 강변북로 접근이 편리하다. 서울을 기준으로 동서로 어디를 이동하든 차량으로 이동하기에 편리하다. 간선도로 접근성도 좋아서 만족한다. 한강도 가깝고 마트, 카페 등 편리한 부분이

많다. 처음 가지는 내 집이다 보니 인테리어도 다시 했
다. 여러모로 만족한다.

집을 매매하는 타이밍은 우리가 정할 수 있는 부분 같지는 않다.

구축 인테리어는 어떻게 했는지?

반 셀프로 인테리어를 했다. 이렇게 하면 공정별로 업자를 계약해야 하고, 공사 현장에 자주 찾아가야 한다. 맞벌이하고 있거나, 휴가가 자유롭지 않으면 절대 할 수 없다. 다행히 시간을 낼 수 있는 환경이라 가능했지만, 일반적인 직장인은 절대 할 수 없다. 주기적으로 와서 공정을 체크할 여력이 없다면 그냥 토탈 계약을 추천한다.

인테리어를 고민하는 사람들에게 조언한다면?

업자에게 돈을 조금 더 주더라도 실력이 있는 사람을 찾아서 하는 게 좋다. 건축을 해놓고 보면 마루나 도배 타일은 소모품이라 너무 비싼 걸 할 필요는 없다. 공정을 잘 아는 업자를 제대로 구하는 게 중요하다. 내가 건축업자도 아니고 그런 공정을 모르기 때문에 정말 업자를 잘 섭외해야 한다.

집은 당신에게 어떤 의미를 가지는가?

경제적인 부분과 감성적인 부분이 있다. 경제적인 부분은 진정하게 경제적 독립의 출발, 재테크를 하기 위한 준비. 가계 살림에 가장 기본인 공간. 한 단어로 표현하자면 '기본'이다.

감성적인 부분을 이야기하면 '안정감'이다. 집을 마련하니 안정감이 엄청나다. 전세로 살 때는 계약기간은 내 집이지만 정말 내 집은 아니라는 생각이 들었다. 집에 정이 든다는 느낌도 없었다. 어차피 진짜 내 집이 아니라는 불안감이 있었다.

불안감을 크게 느낀 것 같다.

남의 집 생활을 하다 보니 나도 모르게 지쳤나보다. 세 들어 살 때는 그 감정이 어땠는지를 몰랐었는데, 내 집 마련을 하고 나니, 그때는 불안정한 마음이었단 걸 깨달았다.

지금은 내 마음껏 정을 붙이고 마음대로 꾸밀 수 있고, 안식처 같은 느낌을 준다. 온전히 쉴 수 있는 공간으로서의 집이 있다는 게 큰 의미로 다가온다.

에너지, 휴식처럼 돈으로는 살 수 없는 것들이 내 공간에서 살다 보니 생기는 게 느껴진다. 나이가 들수록 더 많은 휴식이 필요하더라. 짧은 시간을 쉬더라도 잘 쉬어야 하는데, 전세살이하며 이사해야 하는 불안정한 상황에서는 진정한 휴식을 취하기 어려웠다. 내 집 마련을 하니 그 불안정함이 해소됨을 확실하게 느낀다.

전세살이하며 이
사해야 하는 불안
정한 상황에서는
진정한 휴식을 취
하기 어려웠다.

시드머니 모으기와 나머지 자금 마련은 어떻게 했는가?

시드머니는 주로 예적금 저축이 위주였다. 펀드나 주식도 소액으로 하긴 했지만, 큰 비중은 아니었다. 둘이 모은 돈과 대출을 일으켜서 자금을 마련했다.

대출 준비는 어떻게 했고 현재 현황은 어떠한가?

주택담보대출을 메인으로 받았고, 신용대출도 각자 최대로 받았다. 회사에서 사내 대출도 받았다. 당연히 비상금 다 털었다. 그러고도 약간 부족해서 양가 부모님의 일부 지원을 받았다. 진짜 영끌로 집을 마련했다. 돼지저금통 배까지 갈라서 모든 돈을 쏟아부었으니 정말 말 그대로 영혼까지 끌어모았다고 해도 된다.

대출 부담감은 어떤지?

영끌이지만 감당할 수 있는 선에서 대출받자고 계획했다. 대출 후 생활에 어려움을 느끼지는 않았다. 하지만 2022년 초부터 금리가 오르면서, 대출이 변동금리라서 걱정이 많이 되기는 하지만 아직 크게 와 닿지는 않는다. 주택담보대출도 변동금리라 걱정은 된다.

신용대출은 금리가 많이 올랐지만 대출 상환을 신용

대출에 집중해서 했기 때문에 괜찮다. 아직은 금리 인상에 대한 직접적인 부담은 없지만, 걱정되기는 한다.

그래도 둘 다 수입이 안정적인 직장에서 일하고 있고, 경력이 쌓이면 소득이 증가하니 괜찮다.

집값이 오르거나 떨어지면 어떤 행동을 취할 것인지?

서울 성수동은 안정적인 느낌이다. 집값이 떨어지지 않을 거라는 느낌이 있었다. 이 근처에는 회사가 많은데, 앞으로도 더 많은 회사가 들어올 것으로 보인다. 거주 수요도 계속되겠다는 점이 안심이다. 집값이 앞으로도 계속 오른다면 성수동 내에서 이동할 계획은 있지만, 당분간은 현재 집에 거주할 계획이다.

내 집 마련 후의 재태크 방향은?

정부의 규제나 정책이 1인 1주택 기조로 가기 때문에, 다주택자가 되겠다는 욕심은 없다. 여력이 된다면 상업용 건물, 상가 등에 대한 부동산 투자를 하고 싶다.

펀드나 주식과 같은 금융상품에는 큰 비중을 두지는 않을 것 같다. 부동산 공부를 의도치 않게 많이 했다(웃음). 자본투자는 조금 추상적인 부분들이 있는데, 부동산은 삶에 밀접하고 눈에 더 잘 보인다.

현재 부동산 상황에 대해 어떤 생각을 하고 있는가?

인구가 줄어도 괜찮은 지역은 사람들이 몰리기 때문에 떨어지지 않을 것 같다. 또한 가구 구성원 수가 계속 줄어들고 있어서 인구가 일부 감소한다고 해도 인기 지역의 수요는 계속될 거라 본다. 1인 가구도 원룸에서 만족하는 게 아니라 더 나은 주거환경을 원하기 때문에 주택 시장은 계속 수요가 있으리라 예상한다.

현재 무주택자라면 내 집 마련 계획을 어떻게 세우겠는가?

굳이 아파트가 아니어도 괜찮으니 시야를 넓게 보겠다. 누구나 좋은 동네의 좋은 아파트에 가고 싶어 한다. 하지만 누구나 갈 수는 없다. 둘 중 하나를 포기한다면 주거가 아파트가 아니더라도 좋은 동네를 선택하겠다. 살고 싶은 동네를 찾아가는 게 더 좋다고 본다. '무조건 아파트가 최고야'라는 생각으로만 접근할 필요는 없을 것 같다.

빌라라도 구매하는 걸 고려하겠다. 빌라는 아파트보다 별로 아니야? 빌라 사서 망하는 거 아니야?라고 많은 사람이 생각하지만 좋은 물건을 찾아본다면 괜찮은 선택이 될 수 있다.

무조건 아파트만 고집하기 보다는 좋은 동네의 집을 구해보는 방법도 있다. 아파트, 빌라 같은 주거 형태보다는 좋은 지역에서 자리를 잡는 게 더 좋다고 본다. 단순히 살기 좋은 곳뿐만 아니라 앞으로 발전 가능성이 높은 곳을 고르겠다. '아파트 아니면 못 살아'라는 생각을 버려야 하지 않을까 생각한다.

서울시
성동구
성수동은

어떻게 변화하고 있는가

성수동 삼표레미콘 공장 철거

서울시에 따르면 '성수동 삼표레미콘 공장' 철거가 2022년 8월 16일 완료됐다. 성수동 삼표레미콘 공장이 가동된 건 1977년으로 45년 만의 철거다. 서울시는 지난 2017년부터 운영사인 ㈜삼표산업, 성동구 등과 100여 차례에 가까운 논의를 통해 2022년 3월 해체공사 착공에 들어갔다. 성동구에서는 "45년 간 주민염원이 이루어졌다"며 서울시, 토지주와 지속적으로 협의하겠다고 말했다.

성수동 삼표레미콘 부지는 서울숲공원으로 둘러싸인 최고의 입지를 자랑한다. 중랑천과 한강의 합류지점에 위치한만큼 한강을 조망할 수 있는 뷰를 자랑한다.

서울시는 토지 소유주인 ㈜삼표산업과 2022년 내 사전협상 대상지를 확정하고, 2024년 하반기에는 착공을 목표로 추진할 계획이다. 1종 일반주거지역에서 상업지역으로 용도지역 상향으로 확보되는 해당 부지의 공공기여 규모는 약 6,000억 원으로 추산된다. 서울시는 공공기여금으로 서울숲 고도화, 청년 문화거점 조성, 광역 교통체계 개선 및 지역에 필요한 공공시설 확충 등에 사용한다는 계획이다.

서울시 '2030 서울 도시,주거환경정비기본계획' 재정비 (안)

서울시는 2022년 9월 1일, '도시정비형 재개발사업' 활성화를 위한 기본계획을 재정비하겠다는 안을 내놓았다. 기본계획 재정비 안 중에는 빌딩숲과 나무숲이 어우러지는 도시환경을 조성하겠다는 목표도 있다. 정비사업을 할 때 대지 내 30% 이상을 개방형 녹지로 의무적으로 조성해야 하는 원칙이 있지만, 대신 줄어드는 밀도를 보전하기 위해 기존에 '90m 이하'였던 건물 높이 제한을 풀어주는 방향이다. 개방형 녹지 의무 기준보다 녹지 비중을 늘릴 경우 추가로 인센티브를 부여하는 항목도 추가되었다.

이번 2030 서울 도시,주거환경정비기본계획은 심의를 거쳐 2022년 12월 최종 고시를 목표로 하고 있다. 확정 내용이 아닌만큼 행정절차 이행과정에서 변경될 수도 있다는 점은 고려하자.

경기도 인덕원에 아파트를 매매했다. 회사의 위치는 서울시 강서구이다. 배우자의 직주근접과 지역의 교통 호재를 고려하여 인덕원 아파트를 매매했다.

왜 집을 사야 한다고 생각했는가?

배우자의 직장인 판교까지 대중교통으로 출퇴근이 가능한 지역을 우선으로 봤다. 나도 9호선을 이용해서 출퇴근할 수 있으면 좋겠다고 생각했다. 아파트를 매매한 인덕원에 연고는 없었지만, 계속 염두에 두고 있었다.

오히려 연고가 없었기 때문에 백지상태에서 인덕원 주변을 꼼꼼하게 살펴볼 수 있었다. 사실 처음부터 매매해서 아파트를 살 수 있을 거라는 생각을 하지는 못했다. 일단은 전세로 살면서 돈을 모으자는 계획이었다.

이전 집의 형태는 어떠했는가?

신혼집으로 반전세 계약했다. 원래는 전세 계약을 하려 했었는데, 전세 물건들이 마음에 들지 않았다. 딱 원하는 집을 찾았는데, 반전세 조건이라서 부득이하게 반전세를 택했다. 투룸 + 알파룸이 있는 오피스텔 구조는 흔치 않았고 세탁 공간도 구분되어 있어서 여러 조건에서 모두 만족했기 때문에 반전세로 거주했다. 냉장고, 세탁기, 에어컨 등 풀옵션인 부분도 좋았다. 지금 생각하면 서울 송파에서 매우 저렴한 조건의 집을 구했었다.

신혼집의 금액을 더 자세히 설명해달라.

보증금 1억 5,000만 원에 월세 50만 원이었다. 그동안 직장 생활하면서 모은 돈이 있어서 반전세를 감당할 수준은 됐다. 신혼집을 구하는 시점에는 집값이 오르고 있었고, 당장 매매를 할 수 있을 거라는 생각을 깊게 하지 못했다. 반전세 계약이 끝나갈 때쯤 되니, 이제 계약 기간이 얼마 남지 않았다는 두려움과 자산 형성에 대한 고민도 있었다. 당시 회사 일이 바빠서 밤 12시 퇴근하는 일도 잦아 정신이 없었다 보니 집을 사야겠다 생각은 했지만 실행을 못하고 있었다. 결국은 주거 문제를 해결해야겠다는 결정을 내리면서 본격적으로 집을 알아보게 되었다.

내 집 마련까지 어떤 집에서 거주해왔는가?

내 집 마련 전까지는 계속 인천에 거주했다. 성인이 되고 인천 내에서 이사해서 인천 청라에서 출퇴근했다. 회사가 서울 강서구라서 인천에서 접근성이 아주 좋았다. 첫 회사에서 이직 없이 지금까지 계속 다니고 있다. 지금은 회사까지 거리가 상당히 멀어졌다.

경매 공부를 했다고 들었다. 어떤 계기로 시작했는가?

코로나가 터질 무렵 경매 공부를 시작했다. 경매로 내 집 마련을 하면 괜찮겠다는 생각으로 접근했다. 경매를 처음 공부할 때는 싸게 사는 방법만 생각했는데, 경매 고수들은 발전 가능성이 높은 좋은 물건을 사려고 경매를 한다는 사실을 알게 됐다. 물론 저렴하게 사는 전략도 중요하지만 말이다. 부동산 경매 공부하는 과정은 재미있었다. 내일배움카드를 통해 강의를 신청해서 공부했고, 책을 사서 독학 위주로 공부했다. 하지만 경매로 원하는 지역과 물건을 찾기가 쉽지 않아 아파트 매매로 방향을 바꿨다.

왜 아파트 매매를 선택했는가?

지리적인 조건을 1순위로 봤다. 경기도 분당이나 용인도 봤지만 서울 강서구로 출근이 어려웠다. 경기도 분당은 야탑역 인근의 소형 평형 아파트도 살펴봤다. 분당의 구축 18평 아파트를 둘러보았지만 거주환경 측면에서 만족하지 못했다. 구매 후 리모델링도 고려를 해봤지만, 이렇게 높은 가격의 분당 집을 사는 게 맞나? 라는 고민이 계속 들었다. 다른 지역도 계속 보다가 관심이 있었던 인덕원을 더 집중적으로 파고들었다. 인덕원은 서울 접근성에 비해서 확실히 저평가되었다고 판단했다. 동네 상권이나 인덕원에 대한 이미지가 좋지는 않았지만, 월곶~판교 복선전철사업의 약칭인 '월판선'과 GTX 등 교통 호재를 봤다. GTX보다도 월판선 교통 호재가 크다고 생각했다. 주변에 산이 둘러싸고 있는 자연환경도 좋았고, 경기도 과천시와 가까우면서 경기도 남부에서 중간 정도 위치에 있어서 어디로 이동하든 편리하고 중심에 위치한 느낌이 있었다.

또한 인덕원은 지하철로 출퇴근이 가능한 지역이다. 배우자도 경기도 판교 출퇴근이 용이했다. 경기도 판교까지 대중교통은 조금 불편하지만 어쨌든 교통수단이 있고 오래 걸리지는 않아서 만족이었다. 아파트 구입 당시 미래 가치는 높은데 저평가된 지역이라고 봤다.

경기도 의왕시에서 어느 위치를 살펴봤는가?

처음에는 인덕원역 근처를 살펴봤다. 인덕원 삼성, 삼호, 푸른마을 대우 아파트 등은 모두 구축이어서 마음에 들지 않았다. 또한 인덕원역과 가까워 가격이 비쌌는데, 그 가격에 매매해야 하는지 의문이 들었다. 그래서 지도상 아래쪽으로 내려가면서 다른 아파트 단지들을 찾다가 의왕시 내손동을 보게 되었다. 내손동은 인덕원역 인근의 유흥가 분위기도 없고 주거 단지가 잘 형성되어 있었다. 대중교통도 편리해서 인덕원역까지 버스로 5분 내 이동이 가능해서 마음에 들었다.

인덕원역 근처에 4개 동 삼성아파트 단지가 있는데 아파트 동에 따라서 의왕시와 안양시로 나뉘어 있었다. 인덕원역 인근은 개인적으로 상권의 분위기도 좋아 보이지 않았고, 부동산 중개인이 안양시 물건만 보여주고 의왕시 물건은 안 보여주는데 왜지? 라는 의문이 들었다. 의왕시가 더 저평가된 게 아닐까 하는 생각으로 의왕시 아파트를 찾았고 내손동을 찾았다. 내손동은 아파트 단지가 2009년~2012년 준공으로 상대적으로 10년 이내 신축급이었다. 인덕원역 인근 아파트와 비교해도 가격 차이가 나지 않거나 더 저렴했고, 아파트 구경을 해보니 조금 고치면 괜찮겠다고 생각했다. 의왕시 내손동에서 구축을 제외하면 3개 단지의 선택지가 있었는데, 그중에서 가장 저평가되었다고 판단한 아파트로 최종 결정했다.

매수 시기와 가격은?

2020년 중순, 5억 후반대였다.

경매로 원하는 지역과 물건을 찾기가 쉽지 않아 아파트 매매로 방향을 바꿨다.

직주근접의 상황은 어떠한가?

차량을 사기 전에는 대중교통으로 출퇴근했다. 버스+지하철+도보 합쳐서 편도 1시간 30분 걸렸다. 배우자는 대중교통으로는 버스 2번 타서 1시간 정도 걸렸지만, 코로나로 꽤 이른 시점부터 재택을 하게 되면서 출퇴근 피로는 없었다.

동네 주변 환경은 어떠한가?

평범한 주택단지이다. 동네에서 과천, 판교, 평촌, 인덕원 등 접근성이 좋아서 불편함은 없다. 집 앞 상권, 슬세권(슬리퍼+세권)이 아쉬웠는데, 그나마 최근 이용 가능한 식당과 카페가 늘어나고 있다.

집을 사는 과정은?

그 지역의 부동산을 전부 다 돌았다. 상담해보니 지역 부동산에서 거의 동일한 물건을 공유해서 본다는 사실을 알게 됐다. 돌아다니다 보니 한 공인중개사가 내가 이야기한 가격에 맞는 물건을 열심히 찾아주는 느낌이 들었다. 다른 부동산도 해당 아파트 정보는 알고 있었지만 적극적으로 제안하지 않았다. 그래서 지금 사는 집을 보러 왔을 때 2명의 공인중개사가 동일한 집을 보여줬었다. 같은 매물이어도 중개사의 태도가 달랐다. 매수자를 생각하는 공인중개사인지, 매도자 입장에서 생각하는 공인중개사인지에 따라 느낌이 다르다.

집이 고칠 게 너무 많아 가격 조율이 필요한 부분을 중개사에게 전달했더니 집주인과 잘 협의해주었다. 원하는 만큼 가격 할인받고 매수했다. 할인받은 금액 덕분에 인테리어에 비용을 더 투자할 수 있었다.

인덕원 외 후보 지역이 있었는가?

경기도 분당도 있었고, 서울도 고려했지만 후보라고 하기에는 애매한 측면이 있다. 정해 놓은 예산이 있었고, 무조건 가격 안에서만 무리하지 않는 선에서 매수를 고려했기 때문에, 아무리 찾아봐도 서울이나 경기도 분당에서 가격에 맞는 집을 찾기가 어려웠다. 가끔 매수가 가능한 물건이 있었지만 나홀로 아파트라던가, 평수가 너무 작거나, 아파트인 척하는 도시형 생활주택이었다.

매매하기 전에 했던 고민이나 마음고생이 있다면?

마음고생은 딱히 없었다. 공인중개사를 잘 만났고, 가격도 원하는 가격으로 맞췄다.

구축 인테리어는 어떻게 했는지?

첫 신혼집 매매라서 인테리어 욕심이 있었다. 구축이고 집 구경할 때부터 고칠 부분이 많은 것을 확인했고, 베란다 확장도 안 되어 있었다. 10년 된 아파트였는데, 이전 주인이 집을 깨끗하게 쓰는 편이 아니었고, 어린 자녀를 2명을 키우다 보니 벽지를 포함해 전체적으로 집의 상태가 그렇게 좋지 못했다.

인테리어 예산을 2,000만 원 중후반까지 생각했는데, 실제로 2,700만 원 선에서 끝났다. 굉장히 저렴하게 한 편이다. 베란다 확장(거실, 방 2개), 화장실 2개, 마루, 도배 거의 올수리에 준하는 인테리어를 했다. 그 가격에 맞는 업체를 찾기가 어렵다. 6~7곳의 업체를 돌아봤고 유명한 사이트도 자료 조사를 했다. 견적을 다 받았는데 가격이 비싸고 무언가 포기해야 할 사항이 생겼다. 원하는 스펙을 3D 형태로 기획서처럼 만들어서 설명을 해줬는데, 업체들이 '이 가격에?' 하는 표정으로 나를 쳐다봤다. 원하는 게 너무 구체적이고 디테일해서 작업하기 쉽지 않겠다는 인상을 주었나 보다. 색상과 들어가는 원재료, 그 원재료의 대략적인 가격 등까지 다 기획서에 넣었었다.

인테리어를 고민하는 사람들에게 조언한다면?

절대로 비싸게는 하지 말자. 하지만 저렴한 만큼 고통을 겪게 되는데, 그 고통을 감수하자. 가격이 예산 내에서 잘 맞춰졌다는 건, 그만큼 시공 방식이 마음에 들지 않을 수 있다. 또한 요즘 최신 트렌드를 반영할 여력이 없을 수 있다. 예산을 정했으면 절대 그 예산을 넘기지 않겠다는 각오를 가지고 계속 관심을 가져야 한다.

공사하다 보면 타협을 하게 되는 일이 생기는데, 정말 양보할 수 없는 부분은 끝까지 가져가야 나중에 후회하지 않는다. 전문적인 견해가 필요한 사항들이 많이 생기는데, 본인이 생각한 공사가 정말로 문제가 없는지에 대해서는 고려해봐야 한다. 전문가에게 확인하는 과정도 필요하다. 무조건 예쁘다고 다 되는 게 아니다. 벽의 구멍 사이즈는 꼭 자세하게 알려줘야 한다. 안 그러면 여러 번 뚫는 상황이 발생한다.

시드머니는 어떻게 모으고 나머지 자금 마련은 구체적으로 어떻게 했는가?

시드머니는 약 2억 정도가 현금으로 있었다. 나머지는 대출을 받는데, 순서가 중요하다. 주택담보대출을 받기 전에 신용대출을 먼저 받았다. LTV 기준을 고려했지만 DSR 규제가 심하지는 않았다.

대출 준비는 어떻게 하였고 현재 현황은 어떠한가?

대출은 신용대출을 먼저 받고, 이후에 주담대를 받아서 진행했다. 일부 금액은 부모님과 차용증을 써서 계속 이자를 드리고 있다.

대출 부담감은 어떤지?

대출 부담감은 크게 없었다. 당시에는 금리도 저렴해서 괜찮았다.

집값이 오르거나 떨어지면 어떤 행동을 취할 것인지?

가격이 오르는 건 이미 경험했고, 당장은 팔 생각이 없다. 월판선(월곶판교선)이 생길 때까지는 계속 거주할 계획이다. 가고자 하는 상급지와의 아파트 가격 갭을 계속 지켜보겠다. 갈아타기 시기를 주시하고 있다.

매매 후 거래 추이는 어떠했는가?

GTX 인덕원 호재가 주목받으면서 급격하게 상승하는 모습이었다. 호가가 굉장히 많이 올랐다. 인기 단지는 매물을 거둬들였고, 대출 규제가 심해지면서 호가는 계속 올라가는데 실거래는 이뤄지지 않는 모습이었다.

현재 부동산 상황에 대해 어떤 생각을 가지고 있는가?

그동안 오른 걸 생각하면 조금 떨어진 것은 하락했다고 보기는 어렵다. 이 시기에 팔아야 하는 사람은 어쨌든 있을 테니 내 집 마련을 생각하면 급매를 잘 찾아보는 건 유효하다고 본다. 그런 급매 물건은 인터넷에 아무리 조회해도 나오지 않으니 직접 발품을 팔아라. 나는 가격 선을 정해 놓고 이 가격에 나오면 무조건 연락 달라고 하면서 계속 돌아다녔다.

거주하고 있는 지역의 부동산 시장에 대한 전망은?

지금 사는 지역은 전망도 좋다고 본다. 월판선(월곶 판교선) 교통 호재도 있고, 상급지에 갈 기회가 있다면 가겠지만, 지금 사는 지역에서 계속 거주해도 전망은 좋다고 본다.

나는 가격 선을
정해 놓고 이 가
격에 나오면 무조
건 연락 달라고
하면서 계속 돌
아다녔다.

내 집 마련 후의 재태크 방향은?

월급 외에 현금흐름이 발생할 수 있게 노력하고 있다. 회사는 계속 다닐 계획이고 모은 돈으로 현금 흐름이 나는 사업을 계획하고 있다. 어떤 사업을 할지 확정되지는 않았지만, 돈을 모으면서 계속 고민하고 있다. 고민이 끝나면 바로 실행할 계획도 있다.

무주택자라면 어떤 내 집 마련 계획을 세우겠는가?

아파트 청약 조건을 확인하고, 되면 청약에 도전하겠다. 안 되면 지금 내 집 마련했던 방법처럼 조건에 맞는 급매를 찾겠다. 하지만 급하게 접근할 필요는 없고, 본인이 감당할 수 있는 부채 한도 내에서 구매해야 한다. 감당이라는 건 이자를 내면서도 저축이 가능한 범위를 말한다. 매수할 주택 가격 기준을 정하고, 그 가격으로만 사겠다는 마인드가 필요하다. 급하게 생각할 필요는 없는 시점이다. 하지만 계속 주시는 해야 한다. 조정 분위기에서도 오르는 집은 오른다.

집은 당신에게 어떤 의미를 가지는가?

앞으로 무엇을 할 수 있겠다는 근간이다. 사업의 시작이든, 이직이든, 다른 소비를 고민하든, 2세를 고민하

든 어떤 다음 스텝을 갈 수 있는 시발점이 되는 게 집이
라는 존재다.

집을 애초에 시세차익의 수단으로 생각하지 않았다.
실거주를 생각하고 샀는데, 이왕 사는 거 저평가되고 나
중에 더 가치가 오를 물건을 사는 게 좋다고 봤다. 당장
은 불편한 점이 있더라도 조건에 맞고 가치 있는 아파트
를 사는 방법이 좋다고 본다.

내가 처음 인덕원에 아파트를 샀다고 했을 때 주변
사람들이 '인덕원이 어디야? 거기가 어디야? 유흥가?'
등 별 이야기가 다 나왔었다. 주변 이야기는 참고 사항일
뿐, 열심히 발품을 팔아서 내 기준에 맞는 집에서 사는
거다.

경기도
인덕원은

어떻게
변화하고
있는가

월판선(월곶~판교 복선전철사업)

월곶~판교선은 시흥시 월곶역과 성남시 판교역을 연결하는 복선 전철을 말한다. 시흥시 월곶에서 출발하여 광명, 안양, 인덕원 등을 거쳐 판교까지 가는 노선이다. 월판선은 2026년 개통을 목표로 하고 있다. 진행 사항에 따라 사업내용이나 일정이 일부 변경될 가능성도 염두에 두어야 한다.

수도권 광역급행철도 GTX-C 노선

수도권 광역급행철도(GTX) C 노선은 덕정에서 수원까지 총 74.8km의 철도 사업이며, 정부는 2023년 착공에 들어가 2028년 완공을 목표로 하고 있다. 2022년 초 국토교통부에 따르면 우선협상 대상자가 제안한 4개의 추가 역에도 실시협약(안)에 반영했다고 밝혔다. 4개의 추가 역은 왕십리, 인덕원, 의왕, 상록수역이다.

노선		연장
GTX-A	민자	운정~삼성 46.0km
	재정	삼성~동탄 39.5km
GTX-B	민자	인천대입구~용산 39.9km 상봉~마석 22.9km
	재정	용산~상봉 19.9km

노선	연장
GTX-C	덕정~수원 74.8km
서부권 광역급행 철도	장기~부천종합운동장 21.1km

경기도 안양시에 아파트를 매매했다. 회사의 위치는 인천광역시이다. 부부 둘의 직주 근접을 고려하여 안양시 아파트를 매매했다.

왜 집을 사야 한다고 생각했는가?

부모님이 계속 매매로 거주했었고, 결혼 전까지 계속 부모님 집에서 살았다. 그래서 전세나 월세로 살아본 적이 없다. 친척들은 전월세로 사는 경우가 있었는데, 2년마다 이사를 하는 게 불안정해 보여서 가능하면 매매를 원했다. 좋은 집은 아니더라도 항상 내 집이 있었으면 했다. 전월세 계약기간이 다 되어서 나가야 하거나, 타의로 집을 비워줘야 하는 상황은 없었으면 해서 처음부터 매매가 1순위였다.

경제적인 부분 때문에 전월세도 고려했었다. 부모님도 처음에는 아파트 매매를 만류하셨다. 부모님은 적절한 타이밍에 좋은 집이나 아파트를 매수하지 못했던 것에 대한 아쉬움이 있어서, 자녀는 더 좋은 기회를 잡았으면 하는 바람이 있었다.

배우자는 집이라는 존재가 의식주 중에서도 중요한 부분 중 하나라서, 전월세로 거주하는 건 안정적이지 않다는 생각이 있었다.

내 집 마련까지 어떤 집에서 거주해왔는가?

계속 부모님 집에서 살았다. 배우자는 고향이 충남이라 서울에서 고시원, 하숙, 오피스텔 등 다양한 주거 환경에서 살았다. 그래서 결혼하면서는 집을 매매해서 시작하고 싶었다.

집은 당신에게 어떤 의미를 가지는가?

한 단어로 표현하면 '안정'이다.

집은 언제든지 돌아올 수 있어야 하는 공간, 사생활이 보장되어야 하는 공간, 다른 누군가로부터 영향을 받지 않는 공간이다. 삶을 영위하는데 가장 기본이 되는 존재 중 하나이다.

왜 안양 석수 아파트 매매를 선택했는가?

처음부터 경기도 안양 지역을 보고 결정한 건 아니다. 배우자가 경기도 판교로 직장이 결정되고, 나는 인천으로 출퇴근해야 하는 상황이었다. 결혼을 준비하면서 아예 한쪽 직장에 가까운 곳으로 골라보자고 했다. 처음에는 경기도 부천을 고민했다. 인천이 가까웠지만 배우자가 경기도 판교까지 너무 멀고 회사 셔틀버스가 다니지 않는 지역이었다.

두 번째는 경기도 용인 수지를 봤다. 용인 수지는 회사 셔틀버스가 있긴 했지만, 너무 힘들 것 같았다. 또한 자녀계획도 있었기 때문에, 용인 수지에서 인천까지 출퇴근은 현실적으로 어렵다고 봤다.

그래서 결국은 중간 어딘가를 정해야 하는데, 답이 보이지 않아 배우자 회사의 셔틀버스 노선표를 자세히 살펴봤다. 셔틀버스 노선 중에서 최대한 서쪽으로 가는 노선표를 찾아보니 2곳으로 좁혀졌다. 안산에서 판교 노선, 신도림에서 안양을 거쳐 판교로 가는 노선이다. 경기도 안산이 더 서쪽이라 좋을 거라고 생각했는데, 차량으로 이동하는 데 오히려 불편하고 시간도 더 걸렸다.

신도림 〉안양 〉판교 노선 중에서 1순위는 신도림이었지만, 신도림에서 조금 좋다 싶으면 가격이 너무 비쌌다. 예산에 맞는다 싶으면 나홀로 아파트였는데, 환경이 좋지 않았다. 그래서 신도림에서 안양 방향으로 계속 내려오면서 매물을 찾았다.

경기도 안양에서는 관악역을 봤었다. 부동산 임장 투어는 본격적으로 관악역에서 시작했다. 당시 가격이 25평형 기준 4억 초중반 선이었다. 열 곳이 넘는 아파트를 봤다. 무언가 딱 여기가 내 집이라는 느낌이 들지 않아서 고민하던 차에 배우자가 석수역 쪽도 한 번 더 보자고 했다. 석수역 인근을 보니 훨씬 더 낫겠다는 생각이 들어 인근 아파트들을 살펴봤다. 관악역 호재로 월판선(월곶판교선)을 봤었다. 월판선이 뚫리면 배우자의 출근이 용이하겠다고 생각했지만, 석수역은 신안산선이 뚫리는데, 신안산선의 호재가 더 크다고 봤다. 그리고 관악역의 확장성보다는 석수역의 확장성이 더 좋다고 생각했다. 또 석수역에서는 서울 방향 버스들이 많아서 대중교통 여건도 더 좋아서 선택했다.

매수 시기와 가격은?

2020년 중순, 5억 초중반 정도 가격, 25평이다.

집을 사는 과정은?

관악역에서 석수역으로 넘어와서 더 많은 물건을 봤다. 자녀 계획이 있다 보니 초등학교, 중학교가 있는 쪽 단지를 더 먼저 고려했다.

석수역으로 확정을 하고 5~6곳의 아파트를 봤다. 신축은 가격이 비쌌고 오래된 구축은 재건축을 노리고 들어온 사람들이 있어 가격이 높게 형성되어 있었다. 실거주가 목적이었기 때문에 신축은 아니지만 연식이 오래되지 않는 선에서 골랐더니 가격도 중간 수준에서 적당했었다.

그 당시가 6.17 부동산 대책 전날이었는데, 매물도 많았고 사겠다는 사람도 많아서, 빨리 선택해야 할 것 같은 분위기였다. 둘러봤던 아파트 중에서 마음에 드는 집 하나를 골라 가계약을 걸었다. 당시 집주인이 집을 내놓은 지 하루 만에 내가 계약하니, 너무 성급하게 내놨다고 생각한 것 같았다.

직주근접의 상황은 어떠한가?

관악역에서 석수역 사이에 제2경인고속도로가 있는데, 이 도로를 타면 출근 시간 기준, 차량으로 40분 이내로 도착이 가능하다. 고속도로 진입을 바로 할 수 있는 지역이라 거리는 있지만 실제로 출퇴근 시간이 오래 걸리지는 않았다. 배우자는 회사 셔틀이 석수역을 지나가기 때문에 편리하게 출퇴근이 가능하다.

동네 주변 환경은 어떠한가? 안양만의 특징은?

초등학교, 중학교도 있고 안양천도 있어서 환경 측면으로도 좋다. 주변에 아이들이 많이 보여서, 아이 키우기에 굉장히 좋은 환경으로 봤다. 안양천과 석수역이 도보로 이동 가능하다.

집은 언제든지 돌아올 수 있어야 하는 공간, 사생활이 보장되어야 하는 공간, 다른 누군가로부터 영향을 받지 않는 공간이다.

안양 외 후보 지역이 있었는가?

1번 경기도 부천, 2번 경기도 용인수지, 3번 서울 신도림이었다.

매매를 하기 전 했던 고민이나 마음고생이 있다면?

그때 당시 이미 가격이 많이 올라서 지금은 타이밍이 아니라는 이야기가 너무 많았다. 특히 부모님이 강력하게 반대했다. 시부모님은 크게 말씀은 없으셨다. 이미 많이 오른 상태라서, 당시 코로나19 퍼지면서 오히려 집값이 떨어질 거라고 생각한 사람도 많았다. 주가 하락과 더불어 부동산 가격이 하락한다는 이야기를 들으면서 불안한 마음이 있었다.

집 매수를 후회하는가? 더 살고 싶은가? 혹은 다른 곳으로 이동하고 싶은가?

집 매수는 전혀 후회하지 않는다. 아주 만족하고 있다. 일단 가격이 1억 정도 올랐고, 내 집을 가져서 좋다. 2% 초반의 고정금리 주택담보대출 30년 계약을 해서, 금리 부담이 적어 너무 다행이라고 생각한다. 일단 여기서 아이를 키울 생각이 있고 아이가 중학교까지는 감당이 가능할 거라 판단하기에 10년 이상 살지 않을까 싶다. 현재 집이 전용 59타입이라 자녀가 크면 더 큰 평형으로 가야 하나 생각은 하고 있다. 이동해도 같은 동네에서 이동하지 않을까 싶다. 이 가정은 둘 다 직장이 바뀌지 않는다는 전제이기 때문에, 만약 회사 사무실이 이전하거나 혹은 이직하거나 큰 변동이 있으면 다른 지역 이동도 고민할 수 있다.

시드머니는 어떻게 모으고 나머지 자금 마련은 어떻게 했는가?

시드머니는 내가 직장생활 하면서 모은 현금과, 배우자도 대학원 생활을 하면서 모은 돈이 있었다. 그리고 배우자의 부모님이 일부 지원을 해주셨다.

대출 준비는 어떻게 하였고 현재 현황은 어떠한가?

배우자의 주택담보대출과 나의 신용대출 2가지를 적절하게 활용했다.

대출 부담감은 어떤지?

맞벌이를 하는 상태이고, 금리가 2% 초반의 고정금리 30년 상환으로 되어 있어서 괜찮다. 그 당시 변동금리가 아니라 고정금리를 선택한 게 신의 한 수 수준으로 잘한 결정이어서 대출 상환에는 크게 부담이 없다.

집값이 오르거나 떨어지면 어떤 행동을 취할 것인지?

일단 오른다면, 오른 당시 가족의 상황에 따라 유연하게 행동하겠다. 아이의 학교, 부부의 직장 상태 등 직주근접+자녀 양육환경에 영향이 있다면 오른 금액에 팔고 이동을 할 수도 있다.

실거주 목적이기 때문에, 조금 떨어지더라도 대충 월세로 냈다 생각하면 감당이 가능했고, 일부 조정은 있을 수 있지만 매매한 가격 아래로 폭락하지는 않을 거라는 확신이 있어서, 계속 거주하면서 기회를 봤을 것 같다.

매매 후 거래 추이는 어떠했는가?

사고 나서 실거래가 기준으로 1억 이상 올랐다.

하락하지는 않았나?

거래 자체가 없어서 실거래가 하락이 크게 느껴지지는 않는다.

현재 부동산 상황에 대해 어떤 생각을 하고 있는가?

서울이나 수도권 과열 지역에는 버블 성으로 올라서 조정이 있을 것 같은데, 현재 사는 지역은 그런 버블이 있었다고는 보지 않아서 크게 하락하지는 않을 것으로 보인다.

거주하고 있는 지역의 부동산 시장에 대한 전망은?

신안산선 개통이 2025년 정도로 예정되어 있고, 석수역 주변 철제상가들이 개발되어 최신 상업지구로 바뀔 것이다. 그러면 전체적인 동네 분위기가 더 좋아질 것으로 보인다. 금천구청 쪽, 중앙철제종합상가도 이주를 하고 주거 및 상업시설로 변할 예정으로 알고 있다.

동네에 리스크가 하나 있다. 경기도에서 꽤 유명한데, 산 옆에 아스콘(아스팔트) 공장이 있다. 그 공장이 도심 공장이라고 해서 환경문제가 있는데, 회사가 아직 이전하지 않고 있다. 인근 초등학생들의 건강 이슈도 있었다. 해당 공장 부지는 공원화 사업을 추진한다는 이야기가 있는데, 그러면 더 환경이 좋아질 것 같다.

내 집 마련 후의 재테크 방향은?

하이리스크 하이리턴을 추구하지 않는 성격이라, 현금 확보를 해야 할 시기라고 생각한다. 증시나 경제 분위기가 좋지 않기 때문이다. 또한 자녀 계획이 있기 때문에 현금 확보를 해야 한다. 투자보다는 저축을 위주로 해왔고 앞으로도 그렇게 할 계획이다.

고정금리를 선택
한 게 신의 한 수
수준으로 잘한
결정이어서 대출
상환에는 크게
부담이 없다.

현재 무주택자라면 내 집 마련 계획을 어떻게 세우겠는가?

현재 상황이 지속된다면 금리가 너무 높아서 매수 타이밍은 아닌 것 같다. 매수하고 싶어도 못 하지 않을까 생각한다. 전세를 계속 사는 방향도 전세대출 금리가 높아서 부담스럽다. 결국, 월세를 살면서 청약에 도전하지 않을까? 신혼부부고 자녀 계획이 있으니, 청약 당첨 가능성이 높은 지역에서 월세로 살면서 청약에 도전하는 방향으로 정할 것 같다. 지금 일반 매수를 하기에는 분위기도 좋지 않고 금리가 너무 높다. 그리고 금리도 상승기라서 추가로 대출 부담이 심화할 여지도 있다고 본다.

내 집 마련을 고민하는 사람에게 하고 싶은 말은?

2020년도 부동산 가격이 이미 올라가 있는 상태였지만, 결혼을 준비하면서 그래도 전세가 아니라 매수를 했던 게 돌이켜보면 굉장히 좋은 선택이었다. 그리고 그렇게 매수를 할 수 있었던 상황 자체가 운이었다고 본다.

어린 시절 부모님이 LTV 80% 이상 되던 시기에 왜 더 좋은 지역의 집, 아파트를 사지 않았는지에 대한 아쉬움이 있었다.

어쨌든 주택 구매의 사이클은 있는 것 같다. 좋은 매

수 타이밍은 언젠가 온다. 이번에 매수하면서 많이 배웠지만, 그때 타이밍에 못 샀다고 너무 후회하지 말고 준비하자. 다음 매수 타이밍도 분명히 오는데, 그때를 놓치지 않을 준비를 지금부터 해나가면 좋은 결과가 있지 않을까 싶다. 이미 지나간 건 아쉬움이 남더라도 어쩔 수 있는 일이고 앞으로 올 기회를 잘 잡을 수 있게 준비해야 하지 않을까.

경기도
안양시는

어떻게
변화하고
있는가

신안산선 복선 전철

지난 2019년 9월 9일(월) 신안산선 복선 전철 착공식이 열렸다. 국토교통부에서는 신안산선이 개통되면 안산에서 여의도역까지 100분 이상 걸리던 이동 시간이 20분 대로 단축될 것이라고 밝혔다. 최초 2024년 개통을 목표로 하였으나 일정이 지연되어 현재는 2025년으로 개통 예정 연도가 바뀐 상태이다.

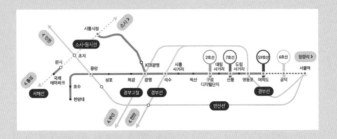

신안산선 복선 전철은 지하 40m 이하에 철도를 건설할 계획이다. 지하의 매설물이나 토지 이용에 대한 영향 없이 운행이 가능하여 최대 110km로 운영하는 광역철도이다.

신안산선이 개통하면 안산(한양대)에서 여의도까지 약 25분, 안산 원시에서 여의도까지 약 36분 소요된다. 안산(한양대)에서 여의도 구간은 급행 기준 100분에서 25분으로 소요

시간이 75%나 단축된다. 신안산선에서 원시-시흥시청 구간
에서는 소사원시선, 시흥시청-광명 구간은 월곶판교선으로
환승도 가능하다.

대전광역시에 아파트를 매매했다. 회사의 위치는 대전광역시이다. 부부 둘의 직주근접을 고려하여 아파트를 매매했다.

왜 집을 사야 한다고 생각하게 되었는가?

살고 있던 다가구 빌라의 집 주인이 바뀌었고 연락이 안 된다는 소식을 들었다. 새 집주인이 휴대폰 번호도 여러 개이고, 다가구 빌라의 다른 세입자들과 연락도 어렵다는 이야기를 들어서 걱정했다. 보증금을 돌려받을 수 있을까 걱정이 되어서 서둘러 집을 사게 되었다. 나는 집주인과 연락이 잘 되었는데, 혹시나 해서 내용증명도 보내고, 전세보증금은 잘 돌려받았다. 원래는 계속 전세로 살려고 했었는데, 불안한 마음이 들었다. 그래서 2020년 초부터 계속 집을 알아보고 계약했다.

결혼하고 나서는 새로 집을 살 때 투자 가치, 환경 등을 충분히 고려할 시간이 없었고, 계약 종료 시기와 맞춰서 인근의 적당한 아파트를 찾았다.

집은 당신에게 어떤 의미를 가지는가?

회사나 다른 스트레스에서 벗어나서 쉴 수 있는 공간이다. 심적으로 쉴 수 있고 안심이 되는 공간이다. 재테크의 수단보다는 실제 거주하는 공간으로써의 집을 더 비중 있게 생각했다.

수도권에서 살다가 대전으로 이동한 계기는?

결혼하면서 이동했다. 당시 파트타임으로 일하고 있어서 그만둘 생각이었고, 배우자가 대전에서 자영업을 하고 있었기 때문에 다른 선택지가 없었다.

평생 수도권에서 살다가 대전으로 이동하니 느껴지는 특징은?

유행이 느리다. 단순히 마라탕과 같은 식사 메뉴뿐만 아니라 가치관, 사상 등이 퍼지는 속도가 느리다. 전체적으로 보수적인 느낌이다. 대부분 자차를 소유하고 있고, 대중교통을 이용하는 빈도가 낮다.

전월세보다는 집을 사서 결혼을 하는 비중이 아주 높다. 부동산 상승기 전에는 대전 둔산동 중심가에 있는 아파트도 2~3억 대에 매매가 가능했다. 둔산동의 대장 아파트로 불리는 곳은 3억 후반대였다. 집을 사서 시작하는 게 당연한 분위기였다.

왜 대전에서 아파트 매매를 선택했는가?

집주인 연락이 안 되는 빌라에서 최대한 빨리 나오고 싶었고, 주변 다른 동네보다 집값이 저렴한 편이었다. 익숙한 동네이고 직장까지도 멀지 않았다. 회사까지

5~6km 정도 거리라서 개인적으로는 직주근접이 굉장히 좋다고 생각했는데, 직장동료들은 멀다고 말했다. 나중에 보니 직장동료 대부분은 회사 인근에 있는 아파트 단지에 살고 있었다.

매수 시기와 가격은?

2020년 초에 1억 중반대로 매매했다. 아파트 가격이 대전 다른 지역보다 오르지는 않았다. 내가 매매한 건 나홀로 아파트라서 더 적게 올랐다.

집을 사는 과정은?

다른 동네를 보지 않았고, 딱 한 군데만 보고 나쁘지 않아서 결정했다. 일단 전세보증금을 제대로 받을 수 있을지 걱정되어서, 최대한 빠르게 그 집을 나오는 걸 목표로 했다.

직주근접의 상황은 어떠한가?

5~6km 거리이고 차량으로 출퇴근 시간에는 막혀서 도어투도어로 약 4~50분을 잡는다. 야근하고 오면 15분이면 도착할 정도로 가까운데, 출퇴근 시간에는 교통체증이 심각하다. 배우자는 대중교통으로 한 번을 갈아타서 1시간 정도 걸린다.

재테크의 수단보다는 실제 거주하는 공간으로써의 집을 더 비중 있게 생각했다.

동네 주변 환경은 어떠한가?

나홀로 아파트인데, 주상복합 형태라 1층에 상가가 있다. 1층에 카페나 편의점 등 편의시설 이용이 쉽다. 인근에 마트도 있어서 편리하다.

자녀가 없다면 계속 살기에 좋다고 생각했다. 단점은 구도심 지역이라 프랜차이즈가 거의 없고, 동네에 가게들도 규모가 다 작고, 문화생활 할만한 거리가 전혀 없다. 재개발에 대한 관심 때문에 동네가 정리된 느낌이 없다. 단독주택도 많고, 재개발을 한다고 하니 신규 투자나 새로운 것들이 들어오지 않아서 분위기가 전체적으로 좋지는 않다. 그리고 인근에 대학교가 있어서 원룸가가 형성되어 있는데, 뭔가 정착된 느낌보다는 사람들이 들락날락하다 보니 산만하고 전체적으로 정돈된 느낌이 들지 않는다.

아파트 매매 전, 이전 집들의 형태는 어떠했는가?

첫 신혼집은 이름만 아파트인 4층짜리 엘리베이터 없는 집이었고, 맨션 같은 느낌의 구축 '아파트'였다. 11평 정도에 1.5룸이고 전셋값이 1억 미만으로 굉장히 저렴했다.

그다음 신축 다가구 빌라에서 살았다. 처음에 hug보

증보험 가입하러 갔는데, 5분 만에 거절당했다. 다가구라서 해당 전세 보증금을 감당하기에는 평가금액이 맞지 않아서 안 된다고 했다. 등기부등본 을구를 보니 근저당이 상당해서 걱정되어, 부동산 쪽에 잘 아는 지인에게 자문을 구했는데, 그때는 이 정도면 괜찮다는 이야기를 듣고 계약했다. 지금 매매한 아파트가 3번째 집이다.

내 집 마련까지 어떤 집에서 거주해왔는가?

태어난 곳은 서울이고, 어렸을 때는 아버지 직장 때문에 강원도에도 살고, 대구에서도 살았다. 7살 이후에는 서울에서 거주하다가 결혼하면서 대전으로 가게 되었다. 직장은 서울 광진구, 경기도 동탄, 경기도 용인이었고 다 집에서 출퇴근했었다.

대전 외 후보 지역이 있었는가?

신혼집으로 대전을 정하면서는 대전 외에 다른 선택지는 없었다.

대전 내에서 동네 선택 기준은?

그것도 없었다. 배우자가 자영업을 하는데, 일하다 보면 늦게 퇴근하는 경우도 있었다. 대출에 대한 두려움도 있었고, 차량도 없어서 무조건 도보로 이동이 가능한 범위 내에서 집을 찾았다. 당시에 자금이 부족하기도 해서 선택의 폭이 넓지는 않았다.

매매를 하기 전 했던 고민이나 마음고생이 있다면?

빌라 전세 보증금을 돌려받지 못할 걱정밖에 없었다. 새집을 구하는데, 모은 돈이 조금 더 있었다면 대단지 아파트도 고려했겠다는 속상함과 아쉬움은 있었다. 자녀를 키우기 조금 더 적합한 곳을 선택했다면 좋지 않았을까 싶기도 하다.

집 매수를 후회하는가? 더 살고 싶은가? 다른 곳으로 이동하고 싶은가?

후회는 전혀 하지 않지만 더 살고 싶지는 않다. 배우자와 둘이 살 때는 적당한 집이었고, 약 25평에 방 3개라서 괜찮았는데, 자녀가 태어나고 나니 부족함이 느껴진다. 학교도 멀고, 단지 내에 산책하거나 아이가 뛰어놀 만한 공간이 부족해서 아쉬움이 크다. 여기는 유모차를 끌고 다니기에도 불편함이 있다. 둘이 살 때는 느끼지 못했지만 자녀가 있으니 더 안정감을 가질 수 있는 곳으로 이동하고 싶다.

가고 싶은 곳은 있지만 당장 이동하기보다는 3~4년

뒤를 보고 계속 지켜보고 있다.

시드머니는 어떻게 모으고 나머지 자금 마련은 어떻게 했는가?

전부 저축으로 모았다. 예적금이 주이고, 펀드나 주식 투자 등은 하지 않았다. 나머지 부족한 금액은 은행 대출로 충당했다.

대출 준비는 어떻게 하였고 현재 현황은 어떠한가?

주택담보대출은 하지 않았고, 신용대출만 마이너스 통장으로 개설해서 잔금을 치렀다. 지금은 마이너스 대출 금액을 열심히 갚고 있다.

대출 부담감은 어떤지?

대출 금액 자체가 많지 않았고 주택담보대출도 아닌 마이너스 통장이었다. 이율도 낮은 편이라서 크게 부담이 되지는 않는다. 직장을 이용해 신용대출을 저렴하게 받을 수 있어서 다른 대출보다 유리했다.

자녀가 있으니 더
안정감을 가질
수 있는 곳으로
이동하고 싶다.

집값이 오르거나 떨어지면 어떤 행동을 취할 것인지?

가격이 오르면 좋겠지만, 오르든 떨어지든 실거주라서 뭔가 따로 행동을 취할 것은 없다.

매매 후 거래 추이는 어떠했는가?

내가 매수한 가격보다 1~2,000만 원 정도 오른 수준이다. 하지만 고층에서 거래된 물량인 점을 고려하면 사실상 오른 게 없다고 봐도 무방하다. 그래서 오를 거라는 기대가 크게 없다.

현재 부동산 상황에 대해 어떤 생각을 하고 있는가?

2021년까지 정책이 너무 많이 바뀌었다. 내 상황에서는 집을 옮길 방법이 전혀 없었다. 그래서 관망했는데, 지금도 투기과열지구 해제가 되었다고 해도 나에게 와닿는 게 없다. 기대가 전혀 없어서 그냥 지금 있는 아파트로 돈을 벌 수 있다는 생각도 없다. 나쁘게 말하면 체념이고 좋게 말하면 관망하는 상황이다.

실거주만 안락하게 잘하다가 이사해야 한다는 생각이 들었다. 2021년 만해도 대전에도 많이 오른 지역들이 있어서 그 단지들을 보면서 다들 아파트로 돈을 벌었는데 나는 지금 뭐 하는 거지? 라는 생각도 하기는 했다.

거주하고 있는 지역의 부동산 시장에 대한 전망은?

재개발 예정 지역으로 둘러싸여 있다. 이미 건물이 올라간 곳도 있고 이제 동의서를 받기 시작한 곳도 있고, 하다가 중단된 곳도 있다. 시간이 흘러 재개발이 많이 진행되면 동네 전체적인 환경이 좋아지고, 거래도 활발해질 거라고 생각은 하고 있다. 주변이 재개발되더라도 새 아파트로 들어가지는 않을 것 같다. 어쨌든 시간이 흐르면 동네 자체는 더 좋아질 것으로 보인다.

내 집 마련 후의 재태크 방향은?

현재는 적금 넣듯이 여윳돈이 있으면 주식 투자를 일부 하고 있다. 자녀가 태어나고, 육아휴직을 하다 보니 소득이 줄어든 상태라 공격적으로 재테크를 할 여유가 많지는 않다.

현재 무주택자라면 내 집 마련 계획을 어떻게 세우겠는가?

평수는 작아도 주변 환경이 좋은 대단지 아파트를 찾아서 주택담보대출을 받아서 매수할 것 같다. 조금 더 임장을 다니고 투자 가능성도 고려해서 단지를 고르겠다. 대출을 많이 받는 게 부담스럽기 때문에, 청약을 고려하지는 않고, 저평가되고 투자 가능성도 있는 실거주 아파트를 신중하게 골랐을 것 같다.

내 집 마련을 고민하는 사람들에게 하고 싶은 말은?

집 마련을 하니까 안정감이 많이 느껴진다. 실거주를 위해 필요하기는 하지만 영끌은 추천하지 않는다. 살면서 소득이 줄어들 거란 생각을 해본 적이 없는데, 자녀가 생기면서 변수가 생겼다. 처음부터 모든 것을 갖추는 건 불가능하지만, 여건에 맞는 집을 마련해서 이사하면서 키워가는 과정이 필요하지 않을까? 대출을 너무 많이 받으면 고금리나, 소득이 줄어드는 리스크가 발생했을 때 어려운 상황에 처할 수 있다.

수도권 외 지역에서는 많은 사람이 30평대 아파트에서 시작하는 걸 자주 보면서 박탈감도 조금 느꼈지만, 처음부터 완벽하게 시작할 수는 없으니 상황에 맞게 차근차근 나아가는 게 옳다고 본다.

대전
광역시는

어떻게
변화하고
있는가

속도전에 들어간 대전의 재개발, 재건축

대전의 4개 자치구인 동구, 서구, 중구, 유성구가 재개발, 재건축에 속도를 내고 있다. 대전이 투기과열지구에서 해제되면서 인프라가 갖춰진 지역 위주로 재개발, 재건축 움직임을 보이고 있다. 대전의 많은 아파트가 지어진 지 30년 이상이 됐고 광역시 중 아파트의 노후화가 빠르게 진행되고 있기 때문에 재건축을 향한 사람들의 목소리도 점점 커지고 있다.

특히, 대전역 주변, 용두동, 도마변동 12구역에 관심이 크며 대전시는 '2030 대전광역시 도시 및 주거환경정비기본계획'을 추진하고 있다.

나 홀로 아파트

나 홀로 아파트는 통상적으로 1개 동으로 구성된 소규모 아파트를 말한다. 나 홀로 아파트는 대단지 아파트 단지보다 가격이 저렴하다. 다가구, 다세대 주택이 아닌 아파트에 거주하고 싶은 경우 선택지가 될 수 있다. 하지만 나 홀로 아파트는 세대 수가 적기 때문에 대단지 아파트보다 커뮤니티 시설이 부족하다. 요즘 신축 아파트 단지에 가보면 어린이집,

놀이터, 운동시설, 독서실, 카페 등 다양한 커뮤니티 시설을 갖추고 있는 곳이 많다. 또한 나 홀로 아파트는 환금성이 떨어진다. 대단지 아파트와 비교하면 매매가 잘 이뤄지지 않는 모습이다.

인천시 부평구에 지역주택조합(지주택)으로 아파트를 매매했다. 회사의 위치는 서울시 구로구이다. 서울을 중심으로 임장하던 중 지역주택조합을 알게 되어 아파트를 매매했다.

왜 집을 사야 한다고 생각했는가?

결혼할 나이가 다가오기도 했고, 2020년부터 집값이 가파르게 오르는 것을 보고 더 늦기 전에 준비해야겠다고 생각했다.

집은 당신에게 어떤 의미를 가지는가?

한 단어로 표현하자면 안정이다. 나를 안전하게 하는 보호막의 느낌.

왜 지역주택조합 분양권 매매를 선택했는가?

아직 미혼이어서 아파트 청약 당첨은 가능성이 낮다고 판단했다. 주택 청약 가점을 계산해보았지만, 너무 낮아 지역주택조합 분양권 매매를 생각했다. 오래된 아파트를 사서 리모델링을 하는 방법과 신축아파트 매매 중에서 고민했지만, 처음 마련하는 내 집이라 신축 아파트를 선택했다. 그래서 지역주택조합 분양권을 준비했다.

지역주택조합에 대해 어느 정도 선에서 알고 분양권 매수를 선택했는지? 위험부담은 없었는지?

지역주택조합 대한 공부를 하지 않은 상황에서 일단 달려들었다. 분양가 등 들어가는 비용이 어느 정도이고, 입주 시 추가 분담금이 있을 수 있다는 정도로만 알고 있었다.

매수 시기와 가격은?

2020년 말에 매수했고 대략 3억 후반 정도의 가격이
었다.

직주근접의 상황은 어떠한가?

부평에서 서울로 출퇴근하고 있다. 서울로 접근하기
위한 수도권 제1고속도로까지 차로 10분 이내로 도착하
고, 서울 여의도로 가는 버스도 집 근처에 있어 대중교통
접근성도 좋다. 집에서 도보 10분 거리에 지하철 1호선
이 있어 출퇴근에는 용이하다.

동네 주변 환경은 어떠한가?

다른 지역보다 아직 발전이 많이 이루어지지 않은 오
래된 동네이다. 주변에 빌라가 많고 30년 정도 된 아파
트들이 있다.

이전 집의 형태는 어떠했는가?

이사하기 전에는 서울에서 월세로 생활했다. 4.5평의
작은 방이었는데, 보증금이 1,000만 원에 월세가 60만
원이었다.

내 집 마련까지 어떤 집에서 거주해왔는가?

태어난 곳은 인천이지만 취업과 동시에 서울에 바로 자리를 잡았다. 이직 경험이 있는데, 동작구와 용산구 구로 쪽에 직장이 있었다. 항상 회사 근처에 집을 잡았다.

부평 외 후보 지역이 있었는가?

서울에서 계속 직장생활을 할 생각이었기 때문에 처음에는 서울에서 알아보았다. 2020년 초부터 임장을 다니기 시작했고, 그나마 지리적으로 익숙한 서울의 서쪽 위주로 임장을 다녔다. 살고 있던 용산구와 더불어 동작구, 은평구, 구로구, 금천구 쪽을 중심으로 아파트들을 직접 돌아다니며 공부했다.

매매를 하기 전 했던 고민이나 마음고생이 있다면?

처음 집 장만에 관심을 가진 시기는 2019년이었다. 막연하게 사야 한다고 생각만 하고 준비는 하나도 하지 않았다. 2020년에 본격적으로 임장을 다니면서 매주 오르는 집값에 어떻게 해야 할지 막막한 기분도 들었다. 임장을 다니면서 한 달 전에 봤던 집이 5,000만 원이 올랐다는 소식을 듣고 집 장만을 포기하기도 했었다.

집은 한 단어로 표현하자면 안정이다. 나를 안전하게 하는 보호막의 느낌.

집 매수를 후회하는가? 더 살고 싶은가? 다른 곳으로 이동하고 싶은가?

매수 자체는 후회하지 않는다. 일단 2년 거주 이후에 옮길지 말지 다시 생각해볼 예정이다.

시드머니는 어떻게 모으고 나머지 자금 마련은 어떻게 했는가?

그동안 모아둔 돈과 보금자리론 대출을 통해 마련했다. 부모님의 도움도 일부 있었다.

대출 준비는 어떻게 하였고 현재 현황은 어떠한가?

처음 분양권을 구매했을 때는 시간적 여유가 부족해서 신용대출로 부족한 자금을 마련했다. 중도금대출과 잔금대출은 디딤돌대출을 알아봤으나 조건이 되지 않아서, 보금자리론 대출을 알아봤다. 다행히 소득이 커트라인 안에 들어 보금자리론으로 감당할 수 있었다.

대출 부담감은 어떤지?

처음 집을 구매할 당시보다 대출금리가 많이 올라 막막하긴 했다. 그래도 고정금리이기 때문에 부담감은 덜하다. 대출 상환 일정을 잘 계산해서 앞으로 대출을 갚아나갈 예정이다.

집값이 오르거나 떨어지면 어떤 행동을 취할 것인지?

실거주 목적으로 샀기 때문에 집값이 오르거나 떨어져도 특별한 계획은 없다. 2년 거주 후에 다시 고민해보겠다.

현재 부동산 상황에 대해 어떤 생각을 하고 있는가?

그동안 부동산 정책과 금융정책들이 계속 바뀌어서 매번 공부하고 준비할 때 어려움이 있었다. 어떤 정책이든 고정된 정책이 오래갔으면 좋겠다.

매매 후 거래 추이는 어떠했는가?

거래 자체가 많지 않고 전세 위주로 나가는 것으로 알고 있다.

거주하고 있는 지역의 부동산 시장에 대한 전망은?

2022년도에만 해도 수천 세대가 들어올 예정이다. 인천 전체를 봐도 엄청나게 들어오고 있다. 공급이 과도한 측면이 있어서 집값이 엄청나게 오르거나 하진 않을 것 같다.

내 집 마련 후의 재태크 방향은?

일단은 대출을 갚아가며 썩빌(썩은빌라)을 매매하는 방법을 고민하고 있다. 보금자리론으로 대출을 했기 때문에 일시적으로밖에 2주택을 보유할 수 없어 신중하게 생각하고 있다.

현재 무주택자라면 내 집 마련 계획을 어떻게 세우겠는가?

목돈을 모으면서 아파트 청약 추첨 제도를 활용해서 청약 당첨을 계속해서 노릴 것 같다. 과거에도 추첨이 가능했지만 집값을 감당할 수 없었으니까 말이다.

내 집 마련을 고민하는 사람들에게 하고 싶은 말은?

수없이 바뀌는 정책 속에서 무엇이 정답인지 아직 모르겠다. 다만 시간이 지나고 보니 내가 샀던 시점도 늦은 시점이었고, 미래에 보면 지금이 가장 나은 시기일 수도 있다는 점이다. 신중하게 잘 생각해서 내 집 마련을 결정해야 한다.

인천시
부평구는

어떻게
변화하고
있는가

인천시 부평구의 GTX 상황

인천시는 300만 가까이 되는 인구가 거주하며 앞으로도 그 수는 커지리라 예상하고 있다. 인천에 살며 서울로 출근하는 시민이 많기 때문에 GTX 노선도 계획 초기 당시부터 인천은 계속 거론되어 왔다. GTX-B 노선에는 부평역이, GTX-D 노선에는 부천종합운동장역이 있다. 서울과의 접근성이 좋아지면서 부평구에 대한 교통 가치도 함께 높아질 예정이다.

지역주택조합

주택법 제2조에 따르면 지역주택조합은 해당 지역에 거주하는 많은 수의 구성원이 사업 계획 승인을 받아 주택을 마련하거나 리모델링하기 위해 결성하는 조합을 말한다. 지역주택조합 아파트는 주변 아파트 시세보다 저렴한 가격을 내세워 조합원을 모집한다. 지역주택조합 사업과 재개발, 재건축 정비 사업의 가장 큰 차이는 토지 소유 여부이다. 지역주택조합은 조합원이 낸 돈을 모아서 토지를 직접 사서 소유권 이전을 해야 한다. 사업승인을 위해서는 전체 사업지의 95% 토지를 소유해야 하는데, 토지 매입이 지연되거나 사업 자체가 무산되는 경우도 있다. 우여곡절 끝에 사업승인이 나서 착공에 들어가도 추가 분담금이 발생할 가능성이 있다. 재개발, 재건축 아파트의 경우 사전에 분양 가격이 확정되지만, 지역주택조합 아파트는 진행 상황에 따라 비용 부담이 늘어날 수 있다.

서울시 성북구에 아파트를 매매했다. 회사는 종로구에 있다. 결혼과 동시에 내 집 마련을 했다.

왜 집을 사야 한다고 생각했는가?

2018년에 봐두었던 아파트가 2019년에 다시 확인해보니 3~4억 원이 올라가 있었다. 이 이상 오르면 아예 매매가 불가능하겠더라. 2021년에 부동산 관련 법 개정 이야기를 듣고, 은행 금리도 변동된다고 하니, 이 이상 금리가 오르면 매매도 힘들고 대출도 힘들고 이자를 갚기도 모두 힘들 것 같았다. 그래서 아파트 매매를 결심했다. 살펴본 아파트 중에서 제일 괜찮다고 판단한 매물을 샀다.

왜 전세가 아니라 매매를 결심했는지?

대학 시절과 호주에 워킹홀리데이로 일하러 갔을 때는 월세 개념으로 잠시 살았고, 대부분을 부모님과 함께 본가에서 살았다. 배우자는 학교나 회사 때문에 자주 이사를 하면서 살다 보니, 안정적이고 싶어 했다. 그래서 결혼 준비하면서 매매로 결정했다.

전세를 고려하지 않은 건 아니지만, 매매를 1순위로 두었다. 다행히 서울에서 어느 정도 원하는 조건에 부합하면서 가격 측면에서도 맞고, 보금자리론도 가능하면서 서울에서 타협이 가능한 매물을 찾았다.

집은 당신에게 어떤 의미를 가지는가?

배우자가 더 깊게 느끼는 부분이다. '집 = 안정감' 수준이 아니라 진정한 보금자리의 느낌이 든다. 집은 안전하게 보호받을 수 있으며 편안하게 쉴 공간이다. 나에게는 결혼해서 두 사람만의 공간이 생겼다는 부분에 더 큰 의의가 있다. 둘 다 매매로는 첫 집이다 보니 새로 시작하는 느낌도 있었다. 둘이 같이 시작하는 느낌이 크다. 재산을 합쳐서 집을 사고, 같이 대출을 갚아나가는 경제 공동체 같은 느낌도 있다. 경제적으로 합치고 같은 공간에서 살면서 심적으로 더 안정감을 느끼고 있다.

왜 서울 강북 아파트 매매를 선택했는가?

감당할 수 있는 선에서 매물을 찾았다. 대출받으면 들어갈 수 있는 수준이었다. 본인의 출퇴근은 전혀 고려하지 않고 봤다. 1시간 이상 출퇴근도 많이 해봐서 상관없었고, 배우자의 출퇴근 지역을 고려했다. 주변에 10~15분 도보 거리에 대형마트가 있는 곳도 선호했다.

매수 시기와 가격은?

5억 후반, 매매 시기는 2021년 중순이었다.

집을 사는 과정은?

즉흥적으로 지금 사는 지역을 찾아봤는데, 당시 6억 선의 매물이 있었다. 평수도 24평형이고 계단식이어서 마음에 들었는데, 부동산에 연락했더니 바로 볼 수 있다고 했다. 가서 보니 일부만 확장이 되어 있었는데, 전부 확장하면 더 넓어질 것 같았다. 고층이었고, 환기도 잘되고 바람도 잘 불고 채광도 좋았다. 지하철 4호선, 6호선을 모두 10분 내외로 도보 접근이 가능해서 마음에 들었다. 주변에 대형마트인 이마트와 홈플러스도 있어서 하루만 고민해보겠다고 했다.

그 전에 다른 아파트를 고민하던 사이에 다른 사람이 계약해버린 경험이 있어서, 빠르게 고민을 마쳤다. 여기보다 더 좋은 선택이 있을까 하는 생각이 들었다. 아파트 값이 더 오를까? 라는 생각도 했지만, 단기로 살 것도 아니고, 당장 투자목적으로 사는 것도 아니었다. 자녀계획도 있어서 주변에 학교도 있고, 지금 이 집을 사는 게 최선이지 않을까? 라는 판단이 들었다. 여기를 놓치고 후회하느니 일단 계약금을 넣자고 생각하고 바로 다음 날 입금했다. 처음에는 가계약금을 넣었고 얼마 뒤 계약금을 넣고, 3개월 후에 보금자리론이 나와서 그걸로 잔금을 치렀다.

나에게는 결혼해
서 두 사람만의
공간이 생겼다는
부분에 더 큰 의
의가 있다.

직주근접의 상황은 어떠한가?

집 앞에 마을버스가 자주 오는데 배우자는 지하철 4호선 길음역까지 가서 4호선 타고 출근한다. 한 40분 정도면 가능하다. 나도 똑같이 길음역에 가서 버스를 타고 출근한다. 가끔 날이 좋으면 서울시 따릉이 자전거를 타고 간다. 길음역에 자전거를 반납하고 버스로 환승해서 가면 35분이면 직장에 도착한다. 날이 정말 좋으면 아예 자전거로 출퇴근도 했는데 약 30분 걸린다. 출퇴근 관련해서는 자세히 찾아보지 않았었는데, 살면서 이런저런 방법으로 출퇴근해보니 생각보다 편리했다.

동네 주변 환경은 어떠한가?

주변에 빌라가 많다. 밤에 치안이 나쁜 건 아닌데 전체적으로 조금 어두운 분위기가 있다. 출퇴근 시에는 바로 앞에 버스 정류장이 있어서 상관없지만, 불안한 측면이 있다. 주변에 먹자골목이 형성되어 있는데, 밤에 시끄러운 편이다. 먹을 게 많은 건 좋지만, 오래되고 저렴한 주택이 많다.

다른 동네보다 취한 사람들을 많이 볼 수 있다. 인구 비율을 보면 어르신들이 많다.

이전 집의 형태는 어떠했는가?

　나는 부모님 집에서 살았고 배우자는 전세로 오피스텔에 거주했었다. 배우자는 그 전에 고시원에서 4년 이상 살았다. 고시원 살면서 몸이 조금 안 좋았는데, 오피스텔로 이사한 후부터는 몸이 좋아진 것 같다. 고시원 방 안에 샤워실이 있었는데, 방이 계속 습해서 좋은 환경이 아니었다. 늘 습기가 있는 좁은 환경에서 지내고 있었다.

내 집 마련까지 어떤 집에서 거주해왔는가?

　나는 대학 시절과 호주 워킹홀리데이 기간을 빼고는 서울 강북의 부모님 집에서 같이 살았다. 배우자는 20살 이후로 대구에서 월세로 자취했었고, 서울에 와서 고시원에서 4년 이상 살다가, 오피스텔 전세로 옮기고, 그리고 지금의 신혼집에서 살고 있다.

강북 외 후보 지역이 있었는가?

　서울 강동, 오목교, 강서 지역을 주로 봤다. 처음에 알아봤을 때 배우자의 출퇴근이 너무 멀다는 느낌이 들었고, 우리가 생각한 예산으로는 아파트가 아니라 빌라만 가능했다. 그래서 다음 찾아간 곳이 서울시 강북 상계, 월곡, 석계, 월계 지역이다.

석계, 월계에서는 1호선으로 출퇴근이 편리하고, 가격대가 맞는 아파트를 찾았지만 평수가 너무 작았다. 월계역 사슴아파트 1,2단지는 임대주택이고 3단지만 매매 가능한 아파트였다. 역 바로 앞이라 편리했고, 월계 이마트와 트레이더스가 인접해서 마음에 들었다. 아파트 구조가 해가 아주 잘 들고(일조량도 저층까지 다 좋았다) 그 당시 고층이 나와서 물건을 보고 왔는데, 결정적으로 복도식이라 면적보다 실제 평수가 작아서 보류했다.

석계 같은 경우는 2동짜리 아파트였는데, 주택가 한가운데 있고, 석계역에서 5분 거리라 좋았다. 하지만 저층 매물이라 보류했다. 월곡과 길음에서도 매물을 찾았는데, 상월곡역 인근이 가격 대비 아파트도 괜찮고 단지도 잘 형성되어 있었다. 단지 내에 유치원도 있고 지하주차장도 있어서 다 좋았는데, 언덕이 단점이었다. 집도 괜찮았지만 너무 언덕이라 엄두가 나지 않았다. 마을버스로 언덕을 올라가서 내린 다음, 또 걸어 올라가야 했다. 상월곡역 주변 나홀로 아파트도 찾아봤는데, 내부 순환 고가도로와 바로 인접해있어서 탈락시켰다.

매매를 하기 전 했던 고민이나 마음고생이 있다면?

가지고 있는 현금이 많지 않아서 걱정이었다. 보금자

리론 대출이 나오지 않을까 하는 걱정이 가장 컸다.

집 매수를 후회하는가? 더 살고 싶은가? 다른 곳으로 이동하고 싶은가?

후회는 없다. 점점 더 정을 붙이는 중이다. 지금 동네에 만족하면서 살고 있다. 돈이 많으면 다른 선택지도 고려하겠지만, 지금 돈이 있어도 당장 이사를 할 것 같지는 않다. 인테리어도 고생해서 한동안 살고 싶다.

시드머니는 어떻게 모으고 나머지 자금 마련은 어떻게 했는가?

각자의 월급으로 시드머니를 모았다. 보금자리론 대출, 신용대출을 받아서 영끌로 집을 매매했다. 신용대출도 2명 모두 다 받았다.

대출 준비는 어떻게 하였고 현재 현황은 어떠한가?

보금자리론 대출이 가능한 아파트를 주로 알아봤었다. 보금자리론 대출이 가능한 것 확인하고, 필요한 서류를 준비했다.

지금 가격보다 더 오른다면 앞으로 집을 사려는 사람들에게는 너무 가혹한 것 같다.

대출 부담감은 어떤지?

그 당시 전세자금대출이 2%대였는데, 주택담보대출도 2%대라 괜찮다고 생각했다. 보금자리론은 2%대 고정금리라 큰 부담이 없고, 신용대출 중에 6%대가 있어서 먼저 갚고 있다.

집값이 오르거나 떨어지면 어떤 행동을 취할 것인지?

지금으로서는 오르면 기분이 좋고, 떨어져도 실거주라 상관없다.

매매 후 거래 추이는 어떠했는가?

지금 사는 동네가 매물 자체가 많이 나오지 않는다. 그만큼 살기가 괜찮다는 의미로 받아들이고 있다. 층간소음도 없다. 이후에 실거래가 없어서 정확히 올랐는지 내렸는지 판단은 어렵다.

현재 부동산 상황에 대해 어떤 생각을 하는가?

집을 가지고 있는 입장에서는 올랐으면 좋겠지만, 지금 가격보다 더 오른다면 앞으로 집을 사려는 사람들에게는 너무 가혹한 것 같다. 올해부터 금리도 계속 올라서, 점점 더 힘든 환경이다. 집 가지고 있는 입장에서는 오르면 좋지만, 집이 없어서 계속 여기저기 전전하면서 살아야 한다는 점은 힘들 것 같다.

거주하고 있는 지역의 부동산 시장에 대한 전망은?

막연하게 생각하면, 노후화된 주택이 너무 많아서, 재개발할 곳이 많다. 그런데 그 재개발 지역에 사는 사람들이 너무 많고, 이해관계가 얽혀 있어서 실제 개발을 하기는 쉽지 않다고 본다. 다른 지역 재개발 이야기를 들어 보면 사람 욕심이 끝이 없어서 제대로 진행되는 모습은 보이지 않는 것 같다. 여기도 재개발 이야기는 많이 나오지만 실제 개발이 되기까지는 멀었다고 본다.

내 집 마련 후의 재태크 방향은?

현재 딱히 재테크를 하고 있지 않고, 주택담보대출 상환에 집중하고 있다. 보금자리론과 신용대출을 갚고 있다. 이율 높은 순서대로 갚아 나가고 있다.

현재 무주택자라면 내 집 마련 계획을 어떻게 세우겠는가?

지금 당장 집을 사는 건 솔직히 말해서 무리일 것 같다. 일단 돈을 모으면서 기회를 보는 방향을 택할 것 같다. 진짜 무조건 집을 사야겠다면 서울을 포기하거나, 빌라를 매매하는 방법도 선택지일 것 같다.

1인 가구라고 가정하고, 서울에서 무주택자라면 고시원 월세로 저렴하게 살면서 목돈을 모으고, 목돈 + 전세대출로 전세로 들어가는 게 최선 같다.

내 집 마련을 고민하는 사람들에게 하고 싶은 말은?

정말 간절하면 부지런할 수밖에 없는 것 같다. 살까 말까보다 사야 한다는 마음이 강하다면 부동산 발품을 팔고, 경매 공부도 하면 다른 사람보다는 더 많은 기회가 있지 않을까 생각한다.

간절하다면 현재 상황에서 부지런하게 최선을 다해야 한다고 생각한다.

서울시
성북구는

어떻게 변화하고 있는가

성북구 재개발 사업

서울 성북구는 전국에서 가장 많은 재정비 추진 지역을 보유하고 있다. 대단지 새 아파트가 들어선 길음 뉴타운과 사랑제일 교회에 보상금 500억 지급 관련하여 시끄러운 장위 뉴타운도 성북구에 위치하고 있다. 장위 뉴타운은 성북구 장위동 및 월곡동, 노원구 월계동 일대를 15구역으로 나누어 진행하는 대규모 사업이다. 사업성이 떨어진다는 이유로 6구역이 장위 뉴타운 사업을 포기하면서 규모가 확 줄어들었다가 다시 재개하려는 움직임이 보이고 있다.

동북선 경전철

동북선 경전철 사업은 서울시 성동구 왕십리역에서 미아사거리역을 거쳐 노원구 상계역까지 연결하는 사업이다. 총 13.4km에 16개 정거장을 건설하는 사업으로 2025년 개통을 목표로 하고 있다. 왕십리역, 제기동역, 월계역, 하계역 등 7개의 기존 노선과 환승도 가능하다.

동북선 도시철도가 개통되면 노원구 중계동 은행사거리에서 왕십리역까지 출퇴근 시간이 현재 약 46분에서 약 22분까지 단축(24분 단축)될 것으로 예상된다. 상계역(4호선)에서 왕십리역(2·5호선)까지는 환승 없이 25분 만에 주파하리라 예상한다. 현재는 4호선↔2호선 환승으로 37분 정도가 소요된다(약 12분 단축).

동북선이 개통하면 서울 동북권의 대중교통난이 완화되고 서울 강남뿐만 아니라 수도권 접근성이 향상될 것을 기대하고 있다.

역대 대통령의 부동산 정책은?

13대 노태우 대통령

14대 김영삼 대통령

15대 김대중 대통령

16대 노무현 대통령

17대 이명박 대통령

18대 박근혜 대통령

19대 문재인 대통령

제13대 대통령 노태우
임기: 1988~1993

노태우 정권, 주택 수요가 폭발하다

노태우 대통령이 재임했던 1988~1993년은 한국의 유례없는 전성기였다. 서울에서 88올림픽을 개최하여 물자를 '조달'받는 나라가 아닌 '후원'해주는 나라가 되었다고 전 세계에 알렸다. 일본의 버블 시대만큼은 아니었어도 한국의 3저호황기(저금리, 저유가, 저달러) 역시 돈이 풍부하게 흐르는 시절이었다. 부동산 시장 역시 크게 변모했는데, 한국의 굵직한 부동산 정책은 노태우 정권 때부터 시작되었다.

전두환 정권은 강남 지하철 개발을 추진하고, 주택임대차보호법을 제정했지만 1기 신도시 건설의 시작은 노태우 정권 때부터였다. 국가의 주요 산업이 농업에서 공업으로 바뀌면서 사람들은 도시에 터를 잡기 시작했다. 또한 3저 호황의 영향으로 사람들은 부동산에 투자했다. 실거주 목적과 투자 목적이 겹치면서 수요가 폭발적으로 커졌다. 당연히 부작용이 생길 수밖에 없었다.

노태우 정권, 1기 신도시의 시작

1기 신도시는 주택 200만 호 건설을 목표로 수도권에 5개 신도시를 만들었다. 하지만 경기도 분당 97,580호, 경기도 일산 69,000호, 경기도 산본 41,974호, 경기도 부천 중동 41,435호, 경기도 평촌 42,047호를 공급하여 실제 공급은 약 30만 호에 그쳤다.

이후 정치인이 공약에서 파격적인 주택 공급을 언급하면 1기 신도시 이야기가 자주 거론되며 지키기 힘든 공약이라고 판단하는 경우가 많다. 정부 주도라고 하더라도 실제 개발은 까다롭기 때문에 원하는 물량만큼의 공급이 어렵기 때문이다. 처음 계획한 물량보다 저조하게 공급했지만, 1기 신도시 주변을 기점으로 교통이 체계적으로 구축되었고 주택 보급률을 높이는 데 이바지했다. 1기 신도시의 대표 아파트들의 현재 상황은 다음과 같으며 리모델링이나 재건축을 기다리고 있는 경우가 많다.

위치	아파트명	사용승인일	용적률	건폐율
성남 분당동	샛별라이프	1993년 07월 24일	211%	15%
안양 평촌동	꿈라이프	1992년 09월 17일	230%	14%
고양 백석동	백송풍림,삼호	1992년 08월 29일	164%	16%
군포 산본동	한양목련	1994년 10월 14일	218%	14%
부천 중동	복사골건영	1992년 12월 03일	216%	20%

1기 신도시의 재건축

1기 신도시는 1989년에 시작했고 어느덧 30년이 훌쩍 넘는 세월이 흘렀다. 그 사이 1기 신도시 아파트들은 재건축 연한인 30년을 채워 재건축 준비에 박차를 가하고 있다. 특히 분당의 경우 여러 아파트에서 재건축추진위원회를 구성하여 정부의 재건축 진행을 촉구하고 있다. 하지만 정부는 부동산 가격 상승을 염려하여 다소 보수적인 태도를 보이는 상황이다. 서울 내에서도 재건축 연한인 30년을 훌쩍 넘은 아파트들이 많기에 1기 신도시의 재건축은 장기적으로 진행될 확률이 높다.

공급만큼 규제도 많아

노태우 정권은 부동산 공급뿐만 아니라 규제도 많았다. 토지

초과이득세, 증여세 강화 등이 대표적이었고 무엇보다 임대
차 보호법이 1년에서 2년으로 개정된 시기도 노태우 정권 때
이다. 그전까지는 전세 임차인은 1년마다 부동산 계약과 이
사를 해야만 했다.

제14대 대통령 김영삼
임기: 1988~1993

김영삼 정권, 문민정부의 시작

노태우 정권 때에는 부동산 수요 급증으로 인해 1기 신도시를 만들었다. 그래서 김영삼 정권 동안 부동산 가격이 안정화되었고 한국은 성장 고도를 달렸다. 김영삼 정권은 '문민정부'를 강조했는데 '문민'은 직업 군인이 아닌 일반 국민이라는 뜻이다. 김영삼 정권은 기존 박정희, 노태우, 김영삼 정권처럼 군부 출신이 아니며 청렴하게 정치를 하겠다는 의지를 강하게 보였다. 그래서 김영삼 정권 때에는 무엇보다 부동산 투기 억제에 집중했다.

금융실명제

김영삼 정권에서 처음 시작한 '금융실명제'는 말 그대로 개인의 신분이 확인되지 않으면 금융거래는 물론 계좌 개설조차 못 하는 제도이다. 지금이야 은행에 가면 신분증부터 담당자에게 보여주는 게 당연하지만, 이 당시만 해도 차명으로 거래하는 일이 잦았다. 그래서 지하경제를 파헤치고 부정,

부패를 척결하겠다는 김영삼 정권의 의지가 강했다. 현재에도 여전히 대포통장은 만들어지고 있지만, 금융실명제는 경제 시장의 투명성 확보에 기여했다는 평가를 받고 있다.

부동산실명제

금융실명제와 마찬가지로 부동산실명제 역시 '개인의 신분'이 거래의 필수가 되었다. 그동안 차명을 이용해 부동산 투기가 활발했었고 김영삼 정권은 이를 없애고자 했다. 차명으로 부동산 거래를 하면 투기와 세금 회피가 가능했기 때문에 빈부격차가 커지는 큰 요소 중 하나였기 때문이었다.

김영삼 정권은 타인 명의로 부동산 거래를 할 경우에는 형사처벌 또는 과징금을 부과했다. 부동산실명제는 금융실명제와 함께 김영삼 정권의 부패를 향한 강력한 의지를 보여준 제도이다. 그러나 정권 후반부에는 외화 관리 실패로 1997년 외환 위기가 터지면서 한국의 상황은 최악으로 치닫는다.

IMF에 구제금융을 요청하다

문민정부는 국가가 모라토리엄(채무상환유예) 상태에 빠지

자 IMF에 구제금융을 요청한다. 하지만 IMF는 금융긴축과 대외 개방, 기업의 구조조정, 높은 콜금리 수준을 한국에 요구하여 국민들은 고통의 시간을 감내해야 했다. 그다음 정권인 김대중 정권 때에는 외환 위기 여파로 인해 부동산 시장이 좋지 않았다.

제15대 대통령 김대중
임기: 1988~1993

IMF 사태라는 무거운 짐을 안고 시작한 김대중 정권

외환 위기 사태로 인해 환율과 금리가 폭등하면서 투자 심리
가 크게 위축되었다. 이에 따라 부동산 가격이 도미노처럼
폭락했다. 김대중 정부는 부동산을 포함한 국내 경기를 살리
기 위해 규제 완화를 추진했다.

국가 경제가 무너진 상태였기 때문에 김대중 정부는 가능하
다면 할 수 있는 모든 산업군을 살리고자 노력했다. 그중 하
나가 건설산업이었고 집값의 등락 여부보다는 일단 내수 경
제를 살리는 것이 최우선이었다. 무엇보다 하루빨리 외화보
유액을 늘려 국가 위기를 돌파하는 목표가 일순위인 시기였
다.

경기 부양을 위해 규제를 완화하다

김대중 정권은 경기부양을 위해 각종 규제를 완화했다. 돌파
구 중 하나는 건설업의 활성화라고 판단하여 각종 부양책을

펼쳤다. 분양가 자율화, 전매제한제도 폐지, 청약 자격 제한 완화, 부동산 세금 감면, 대출 확대 등 다양한 정책을 실시했다. 그 결과 금융 위기로부터 빨리 벗어났지만 부동산 시장이 과열되는 부작용도 함께 따라왔다.

다시 시작된 부동산 투기의 조짐

김대중 정부 중반부에는 경기가 회복되는 모습을 보였다. 하지만 저금리, 계속되는 규제 완화, 건설사들의 분양 지연 등의 요인이 부동산 투자 심리를 자극했다. 그 결과 또다시 투기성 매매 움직임이 커졌고 다음 정권인 노무현 정권은 큰 숙제를 만나게 된다.

제16대 대통령 노무현
임기: 1988~1993

부동산 투기와의 전쟁을 선포한 노무현 정권

노무현 정권은 임기 시작부터 부동산 규제에 방점을 두었다.
이전 정권에서 부동산 투기성 매매가 활발했기 때문이었다.
또한 수도권 과밀화 현상을 억제하기 위해 세종시를 비롯한
혁신도시 개발을 추진했으며 임대주택 공급도 활발히 했다.

계속되는 규제, 그 끝은?

부동산 시장 안정화를 목표로 노무현 정권은 '종합부동산세'
제도를 처음으로 만들었다. 또한, LTV, DTI 규제를 동시에
도입하는 최초의 정권이기도 했다. LTV는 주택담보가치 대
비 대출이 가능한 금액을 의미하고 DTI는 대출신청자의 연
소득 대비 대출 상환액을 의미한다. 그러므로 아파트 매매를
고려하는 사람들은 가격이 너무 오르거나 대출 금액이 적게
나오는 상황을 걱정했다. 이러한 현상 때문에 정권이 교체될
때마다 LTV, DTI에 대한 관심은 항상 높다.

여전히 뜨거운 감자인 분양가상한제

분양가상한제는 주택을 분양할 때 건설업체의 적절한 이익을 적용한 분양 가격을 산정해 그 가격 이하로 분양하도록 정한 제도를 뜻한다. 분양가상한제는 주택 구매자에게는 합리적 가격의 주택을 제공할 수 있으나 공급자인 건설업체 측에게는 사업성이 낮아져 결국 주택 공급이 줄어들 수 있다는 단점이 있다. 분양가상한제는 노무현 정권 때 공공과 민간택지 모두에 시행했으며 현재에도 늘 화두에 오르는 제도이다.

많은 규제 속에서도 계속 오르는 아파트 가격

노무현 정권은 부동산 안정화를 위해 여러 규제 장치를 설정했지만, 아파트 가격은 계속 오르고 있었다. 그다음 정권인 이명박 정권은 노무현 정권과는 다른 기조로 부동산 정책을 펼치기 시작한다.

제17대 대통령 이명박
임기: 1988~1993

서브프라임 모기지 사태가 한국에 영향을 미치다

2007년 미국에서 발생한 서브프라임 모기지 사태는 한국에까지 영향을 미쳤다. 미국이 금융위기로 휘청이자, 미국을 상대로 흑자무역을 유지했던 한국 경제에도 먹구름이 끼었다. 국내 부동산 시장도 위축되자 이명박 정부는 아파트 건설사가 분양을 왕성히 하게끔 규제를 많이 풀었다.

공급, 공급 또 공급

이명박 정권은 종합부동산세를 완화하고 지역에 따라 아파트 매매가의 70~80%까지 대출을 받을 수 있도록 했다. 그리고 뉴타운 사업을 본격화해 공급을 최우선으로 삼았다. 이명박 대통령의 "공급해도 부동산 가격이 잡히지 않는다면, 잡힐 때까지 공급하겠다"는 언급은 아직까지도 회자될 정도이다.

통화량의 확대

서브프라임 모기지 사태로 인해 수축된 경기를 부양하고자 이명박 정권은 '통화량 확대' 정책을 썼다. 하지만 이 정책은 수출기업에만 유리할 뿐, 실질적으로 내수 경기에는 별 효과가 없다는 평가를 받았다. 오히려 물가상승을 부추기고 목적을 잃은 돈이 또다시 투기로 모여든다는 이유에서였다. 또한 4대강 사업도 목적과 결과가 뚜렷하지 않고 특정 건설사들에만 혜택이 간다는 비판이 많았다.

좀처럼 회복하지 못했던 미국발 금융위기

이명박 정권은 규제를 완화하고 공급을 지속하는 기조로 부동산 정책을 펼쳤으나 활기가 보이는 부동산 시장의 형태는 아니었다. 이러한 분위기는 다음 정권인 박근혜 정부 때에도 마찬가지였다.

제18대 대통령 박근혜
임기: 1988~1993

빛내서 집 사라

미국발 금융위기가 터진 이후 박근혜 정권 때까지도 부동산 경기는 기대만큼 살아나지 않았다. 그래서 박근혜 정권은 이명박 정권과 마찬가지로 부동산 규제 완화라는 카드를 선택한다. 이명박 정권 때부터 쌓여있던 공급은 이제 미분양이라는 결과물로 도출됐다. 하지만 박근혜 정권은 수요 활성화를 위해 대출 규제 완화를 계속 추진했다.

경기도 안 좋은데, 빛내서 집 사라고?

미국발 금융위기로 인해 한국은 가계 부채 부담률이 높은 상황이었다. 이러한 상황에서 '빛내서 집 사라'는 정부의 권유는 국민들이 반감을 가지기 쉬웠다. 당시 기획재정부 장관인 최경환이 추진했던 경기부양책인 '초이노믹스'는 대다수 국민에게 환영받지 못하는 정책이 되었다.

정권 말기에 나타난 규제 완화 효과

부동산 정책은 해당 정권 당시에는 효과를 보기 어렵고 정권 말기거나 다음 정권에 효과를 보는 경우가 대다수이다. 박근혜 정권 역시 규제 완화의 효과가 정권 말기에 나타났지만, 박근혜-최순실 게이트 사건으로 인해 임기를 채우지 못하고 퇴진했다.

제19대 대통령 문재인

임기: 1988~1993

부동산 가격 안정화를 최우선으로 꼽은 문재인 정권

박근혜 정권이 끝나고 문재인 정권이 시작되었다. 문재인 정권은 '집값 안정화'를 실현하여 국민들의 경제적 부담을 덜겠다는 의사 표현을 임기 초반 때부터 강력히 했다. 실제로 여러 가지 제도와 규제를 바로 이행했다. 타 정권에 비해 임기 동안 다양한 규제를 발표했지만, 이 책에서는 부동산 시장에 큰 영향을 준 정책만 소개하겠다.

임대차 3법

임대차 3법은 기존 2년이었던 임대차 기간을 2+2로 연장한 정책이다. 그리고 2년이 지나고 재계약을 할 경우 상승폭을 직전 계약 임대료의 5%로 제한했다. 마지막으로 전월세 계약은 임대인이 의무적으로 신고를 해야 한다는 제도가 임대차 3법의 정책이다. 하지만 정부의 의도와 달리 전월세 가격이 급등했으며 수요 급증으로 인해 부동산 시장에 큰 혼란이 생겼다.

20회가 넘는 부동산 정책

문재인 정권은 20회가 넘는 부동산 정책을 발표했다. LTV, DIT 규제 강화, 투기과열지구 선정, 다주택자에 대한 과세 기준 강화, 분양가상한제 등을 추진했지만, 공급은 계획대로 원활하지 못했다. 그 결과, 투기성 매매가 활발해져 아파트 매매가는 가파르게 올랐다.

문재인 정권 역시 부동산 억제 효과가 다음 정권인 윤석열 정권에서 나타나는 양상을 보이고 있다. 역대 대통령들의 부동산 정책은 언뜻 보면 제각각으로 보이지만, 큰 틀에서는 다음 정책 안에서 움직인다.

정책	세부내용
공급정책	신도시 개발, 임대주택확대, 청약제도
조세정책	취득세, 양도소득세, 종합부동산세, 과세표준
금융정책	대출한도, 대출자격, 적용금리
가격정책	분양가상한제, 재건축초과이익

정권은 바뀌어도 정책은 거기서 거기이기 때문에 국민의 삶의 질이 향상되지 않은 채 시간만 흐르고 있다. 공급을 늘리고 줄이고, 대출을 늘리고 줄이고, 세금을 늘리고 줄이고. 이 틀에서 벗어나지 못하는 것이다.

이제는 이러한 태도에서 벗어나 각 세대가 원하는 부동산 정책을 추진하여 형식적인 움직임만 보이지 않도록 다음 정부는 힘써야 한다.